THE DEMISE OF PROPAGANDA

プロパガンダの終焉

トランプ政権始動で露呈した 洗脳と欺瞞

馬渕睦夫
ジェイソン・モーガン

Mabuchi Mutsuo
Jason Morgan

徳間書店

目次　プロパガンダの終焉

トランプ政権始動で露呈した洗脳と欺瞞

【まえがき】ジェイソン・モーガン――10

第一章
洗脳史観を覆す最新国際情勢の現実

プロパガンダに騙されてきた日本人とアメリカ人――18
新型コロナで目覚めたアメリカ人――21
ジョージ・ブッシュの論理を信じ込んだアメリカ人――24

三段階で完成するグローバリズム支配 ―― 27
アメリカ式「民主化」の狙い ―― 30
「プーチンの野望」というプロパガンダ ―― 32
ハマスを支援するもの ―― 34
イスラエルとアメリカの異常な関係 ―― 38
日本がトラブルメーカーになる未来 ―― 43
アメリカが干渉した国は不幸になる ―― 45
火種を残して去ったアメリカ ―― 50

第二章
反日国家アメリカのプロパガンダ

アメリカの反日は韓国を超える——56
アメリカ左派、三つの系譜——58
アメリカ左派の転換期——60
分裂する左派勢力——62
なぜロシアだけ革命が成功したのか——64
日米戦争に反対していた左翼——66
アメリカの歴史学会が極左化した理由——74
軍事的フェミニズムという反日——77

反日反米のニュー・レフト ——81
狙うは男性の絶滅 ——84
国連という反日勢力 ——87

第三章
グローバリストのプロパガンダ

人の精神も支配する「世界統一思想」——92
日本人には理解し難い「悪魔」という存在 ——94
「原罪説」が生まれた理由 ——96
日米戦争は神々とGODの戦い ——99

グローバリストと本気で戦っていない――101
日本と南部の共通点――104
三権分立は〝悪〟が前提――107
神の存在を〝わかっている〟つもり――110
日本人の生命観に教えられたこと――113
わからないことはわからなくていい――116

第四章
神殺しの西洋五〇〇年史

物質で精神を殺す――120

神殺しの現場 ――124
「I don't know」が許されない ――128
自分たちの使命 ――130
英雄と英霊 ――132
愛国者の敵は同じ ――136
ゲリラ戦の覚悟 ――139
日米合同委員会 ――141
独立への矜持 ――144
日本政府が敵になる日 ――147

第五章　ジェイソン・モーガンの視点

アクティブ・ニヒリズムの超克

ウクライナ戦争が分岐点 —— 152
日本が敵国になっている —— 154
次の代理戦争 —— 156
アメリカへの期待 —— 158
フェニックス・プログラム —— 163
老練なチェスマスター —— 166
ニヒリズムに取り憑かれた世界 —— 169

アクティブ・ニヒリズム――171
パッシブ・ニヒリズム――179
ホームレスとなったアメリカ人――182
この世を超える何か――184

第六章 新世界秩序のための戦いのはじまり

二〇二四年の大統領選挙――190
アメリカ国民が選挙を守った――193
アメリカを癒す――196

真の世界秩序をつくる戦い――199
日本の独立が南部の希望――205
連邦政府はいらない――207
アメリカが死んだ日――214
日本は自由な国――219
利害が一致する国――221
トランプの大統領令がさく裂――227
国の身体に住んでいる――230
【あとがき】馬渕睦夫――234

装丁／ヒキマタカシ
DTP／キャップス
校閲／麦秋アートセンター
編集担当／佐藤春生、浅川亨

【まえがき】ジェイソン・モーガン

世の中のほとんどは、ウソです。政治やメディアなどが発信する大きなウソは目立つかもしれませんが、自分自身につく小さなウソのほうが、圧倒的に多いでしょう。

毎日自分にウソをつき、政治家やテレビのニュースキャスターがウソをついていることを知ったとしても誰も騒がないならそのままスルーするのがふつう。

勤めている会社が「ＳＤＧｓ」を推進していてそれは中国共産党とワシントンのグローバリストが儲けるためにでっちあげた真っ赤なウソだとわかっていても、ＳＤＧｓで出世できるなら心にもないことをいって何が悪い。

「ワクチン」と呼ばれているものが生物兵器ともいわれ、本当は心配だけれど、みんなで打てば怖くない。むしろ打たないことで後ろ指を指されて「陰謀論者」とレッテルを貼られるよりはまし。ただ一番許せないのは、ワクチンを打たないやつらだ。

日本は戦後八〇年、日本人に対し原爆投下という前代未聞のジェノサイドを犯した敵がいまだ占領中だが、占領軍を追い出して日本の独立を実現するのは難しそう。それならひるがえって敵国を「日米同盟万歳！」と叫び、属国状態を「普遍的な価値観」とごまかしてしまえばいい。それを否定する輩は「陰謀論者」に間違いない。

こうしたウソが幅を利かせる毎日にあって、馬渕睦夫先生の存在を知りました。先生のご本を読んで、「チャンネル桜」などでのご発言を拝聴し、ウソをつかない男はこういう存在だ、と強く感服しました。心から尊敬しております。

先生は愛国者を装い戦後体制を正当化しようとする偽りのパトリオットたちを、「ビジネス保守」と言い切り、彼らから「陰謀論者」とレッテルを貼られ攻撃を受けても意に介しません。

ウクライナ戦争は二〇〇年続くウィーン体制の視点から眺め、グローバリズムにより疲弊し分裂したアメリカに建国の精神を取り戻そうと立ち上がったのがトランプであり、ロシアでは新しいロシアの理念を掲げるプーチンだったと、主流メディアの偏向報道とは正反対、つまり二人の指導者を正しく位置づけています。

二〇二〇年の米大統領選の不正選挙では、当初はトランプを支持していた知識人が反トランプに続々と変節するなかにあって、今回の再選に至るまで一切ぶれることとなくトランプ勝利を予言していました。

ディープ・ステートの存在については二〇一三年に出版された代表作『国難の正体』から言及されています。当時はディープ・ステートと言うと陰謀論だと散々叩かれましたが、今では大手メディアでもその存在が認められるようになりました。G7の首脳はイタリアのメローニ首相以外全員いなくなるというご指摘もそのとおりになりました。

しかし本当のことを話していたからこそ、先生に対するバッシングが大きかったのも事実です。ウクライナ大使を務められていた分だけ一層激しかったことと思われますが、どれだけ大変だったかは私には想像も及びません。

私はウソをつく人が嫌いです。日本国民であろうがアメリカの国民であろうが、世界でずっと搾取されてきた人々にウソばかりばら撒いてきた輩は、厳しく粛清すべきだと考えているものです。

今回、馬渕先生との対談において私は、敵や売国奴には「復讐しなければならない」と何度も繰り返しました。

でも先生のお考えは違います。

そういう連中に対しても、水に流す。許す。反省する機会を与えようと。

そういうスタンスを取られた馬渕先生を見てやはり次元が違うと感服いたしました。

永遠の精神と人間の魂を信じているということは、こういうことだと自分を恥ずかしく思いました。「厳しく粛清しよう」と私が叫ぶのは世俗的なレベルです。しかし先生がおっしゃる「許す」というのは、スピリチュアルなレベルなのです。

私はディープ・ステートの代表者で、武漢ウイルス研究所にアメリカ国民の血税を送金して危険な研究をさせ、全世界の人々を苦しませ、大勢のお年寄りを殺したNIAID（米国立アレルギー・感染症研究所）所長だったアンソニー・ファウチは、大量殺人という重罪で死刑が相応しいと思っております。

しかし馬渕先生は、あのファウチでさえも「反省する可能性があるので、それを待ちましょう」とおっしゃるのです。反省しろ！　と、各方面に言いまくっている自分のほうこそかえって反省すべきだと思いました。

馬渕先生は、ウソを非難するだけでは満足されないように拝察します。先生が対談の場でおっしゃっていた「Heal（癒やし）」が「Whole（全体）」に、そして「Harmony

（調和）」へと言葉がつながり、先生のお志を肌で感じました。

八〇年経って日本という国はまだ、「ビジネス保守」というフェイクな愛国者、「日米同盟」というウソの絆のもとでもだえています。

日本の独立のためにはワシントンという嫌な存在を一掃すべきと引き続き発言をしていきます。復讐は適宜にやりましょう。

しかしそれだけで日本が良くなるとは決して思いません。馬渕先生は、そもそもあるべき日本の姿、つまり、天皇陛下の本質、皇室の本質を伝えつづけています。ウソと本当を超えた、真の意味で「Heal」な世界がくることを祈っておられます。

私もそのような馬渕先生の次元を目指したいと思います。同じように、もっといい日本を目指している国民、もっといい世界を目指している人々がきっとたくさんいると、確信している次第です。

令和七年二月

ジェイソン・モーガン

ジェイソン・モーガン

麗澤大学准教授
モラロジー道徳教育財団道徳科学研究所客員研究員
歴史学者・日本史研究者

1977年、アメリカ合衆国ルイジアナ州生まれ。テネシー大学チャタヌーガ校で歴史学を専攻後、名古屋外国語大学、名古屋大学大学院、中国昆明市の雲南大学に留学。その後、ハワイ大学の大学院で中国史を専門に研究。フルブライト研究者として早稲田大学大学院法務研究科で研究したのち、ウィスコンシン大学で博士号を取得。一般社団法人日本戦略研究フォーラム上席研究員を経て、2020年4月より現職。『バチカンの狂気』（ビジネス社）、『日本が好きだから言わせてもらいます グローバリストは日米の敵』（モラロジー道徳教育財団）、『私はなぜ靖国神社で頭を垂れるのか』（第七回アパ日本再興大賞受賞作・方丈社）など著書多数。共著に『覚醒の日米史観 捏造された正義、正当化された殺戮』（渡辺惣樹氏との共著・徳間書店）、『日本人が学ぶべき 西洋哲学入門 なぜ、彼らはそう考えるのか？』（茂木誠氏との共著・TAC出版）、『日本を弱体化させるワシントンの陰謀を潰せ！』（マックス・フォン・シュラー氏との共著・ビジネス社）、解説担当書籍に『新字体・現代仮名遣い版 世紀の遺書―愛しき人へ』（ハート出版）がある。

第一章

洗脳史観を覆す最新国際情勢の現実

プロパガンダに騙されてきた日本人とアメリカ人

馬渕　歴史家であるジェイソン・モーガンさんはＹｏｕＴｕｂｅでもさまざまなチャンネルに出演されておられますが、言いたいことをすべて発信できていないのだろうと推察しておりました。

ですが、本にはまだ言論の自由があります。ここでは存分に発言なさっていただき、議論を深めていければと思っております。

モーガン　私のようなものとの対談を引き受けてくださった馬渕先生に感謝いたします。対談というよりは、先生に教えを乞う気持ちで参りました。どうぞ宜しくお願いいたします。

馬渕　私こそモーガンさんの視点にはいつも新たな気づきをいただいています。こちらこそ宜しくお願いいたします。

まず、大前提として、多くの日本人にとって、実はアメリカという国はわからないことだらけです。たとえばアメリカ五〇州と聞いても四七都道府県くらいの違いしかないと思ってますが、実際は「ユナイテッド・ステイツ」、すなわち五〇の独立国の集合で、米軍とは別に州兵が存在していて、各州で文化も法律も違う。ましてや宗教の次元になるといよいよアメリカのことがわからなくなります。

しかもそれだけではありません。そもそも敵国である日本にアメリカの真の姿を見せないように、ＧＨＱ（連合国軍最高司令官総司令部）の占領が終わったのちも、一方的にプロパガンダを押し付けてきた背景があるからです。ようするに当のアメリカが日本人に自分たちの姿を見せないように隠してきた。政界はもちろんのこと、アカデミズムもメディアもです。

したがって、日本にいるアメリカの専門家なるものは、アメリカが伝えたいことをそのままおうむ返ししているにすぎない。そのことが明らかになったのは二〇一六年の米大統領選挙におけるトランプ大統領の誕生と、その八年後の二〇二四年のトランプ大統領再選です。

この再選により、その四年前に始まったバイデン政権が大規模な不正選挙による盗まれた大統領であることが、はからずも証明されたことになります。二〇二〇年の選挙に不正はなかった、ディープ・ステート（ＤＳ）というのは「陰謀論」だと鬼の首をとっていた人たちやメディアの言論は終焉を迎えたと言っていいでしょう。

アメリカのメディアは、メタのザッカーバーグがフェイスブックの検閲機能を廃止にしたり、米ABCニュース名誉棄損訴訟めぐり一三億円で和解したりと、トランプ報道の修正と大統領との関係構築に迫られています。一月二〇に行なわれたトランプ大統領の就任パーティーでは、Googleのスンダー・ピチャイCEOや米Appleのティム・クックCEO、Metaのマーク・ザッカーバーグCEO、Amazon創業者のジェフ・ベゾス氏などいわゆるGAFAのトップが勢ぞろいしました。言うまでもなく反トランプの面々です。それなのに鈍いのは日本のメディア。いまだに周回遅れのトランプ批判を繰り広げています。

このような体制下におかれていた日本人にアメリカが見えなかったのはむしろ当然なわけです。

しかしモーガンさんのご著書によれば、実は当のアメリカ国民も日本人と同じようにワシントンの洗脳史観に毒されてきた、ということですね。

そこで、本書ではプロパガンダによる日本人の洗脳史観を解くために、そしてアメリカの正体を腑に落とすために、私が主に聴き役として近現代史から大統領選までいろいろとお話をおうかがいしたい。

モーガン　馬渕先生が常々おっしゃっているのは、〝気づく〟ことの重要性です。かくいう私も、日本に来てからはまさに気づきの連続でした。つまり、私自身も国際情勢の見方、歴史観をワシントンにさんざん騙されてきたわけです。アメリカを離れ、そのことに気づかせてくれたのも馬渕先生のご著書でした。先生のことは恩師だと思っております。

そして、いま多くのアメリカ人も真実に〝気づき〟始めています。

プーチン大統領との独占インタビューを行って日本でも有名になってきた政治コメンテーター、タッカー・カールソンなどの発信の影響もさることながら、不法移民の問題など、それまで「極右」とされる勢力が主張していたのは「本当だった」ということが次々に証明されているのです。

新型コロナで目覚めたアメリカ人

モーガン　アメリカ人が気づく大きなきっかけとなったのが新型コロナでした。バイデン政権が新型コロナウイルスワクチンの接種を義務化したことで多くの人が不審に思い、反発したのです。

突貫でつくったワクチンに対する不安や、現実にワクチンの副作用により死んだ人もいるのに政府が義務化した。そのことで、イデオロギーの左右を問わず多くの人が目覚めました。コロナの治療薬として効果の高いイベルメクチンの服用を禁止したのも不信感を高めました。

また後になって、ＣＩＡ、ＦＢＩ、ホワイトハウス、ペンタゴンなどは大手ＳＮＳに圧力をかけ、新型コロナの起源やワクチン接種の副反応といった情報を統制していたことがわかっています。

私はワクチンに反対して米軍の除隊処分を受けた軍医ピート・Ｃ・チェンバース中佐にインタビューを行ったことがあります（『レムナント』二〇二三年二月一六日）。彼は一八歳で米軍に入隊し、軍医になるのですが、約二五〇年の歴史があるアメリカ陸軍の中で、最初に医師になったグリーンベレーです。

彼によれば、今回のパンデミックとワクチンは「『生物兵器戦争』であると一〇〇％確信」していると。

また、世界保健機関（ＷＨＯ）は、グローバリストのパンテオン（神々）のトップメンバーのために働いており、アメリカをグローバリストの支配下に置くために、米国政府内のカウンターパートと調整していると非難していました。

要するにパンデミックは、グローバリストがアメリカを乗っ取るための手段だったと言っているのです。

同様のことはロバート・ケネディ・ジュニアも書いております（『The Real Anthony Fauci : Bill Gates, Big Pharma, and the Global War on Democracy and Public Health』）。ＷＨＯを裏で操るビル・ゲイツと、四〇年にわたって「ＮＩＡＩＤ（国立アレルギー・感染症研究所）」のトップに君臨してきたアンソニー・ファウチが、製薬会社と一体となって大儲けしてきた「ワクチンビジネス」の闇と、その巨大ネットワークに光を当て、犯罪を暴いています。

アメリカでは「プランデミック」（計画されたパンデミック）という造語があるほどです。今回のコロナ禍も、ビル・ゲイツやファウチが中国と組んで計画的にパンデミックを起こし、ワクチンビジネスで大儲けしたという嫌疑がかけられているのです。

もし事実だとしたら、世界中の人々の命を奪ったことになる。

馬渕　許しがたい話です。ＤＳの狙いの一つが人口削減です。ワクチンを打って私ぐらいの年代の人はどんどん亡くなっている。

モーガン　私がワクチンを拒否したのは、その信頼性はもとより、ワクチンの試験や開発・製造に胎児細胞が使われているからです。ワクチンが中絶によって命を奪った赤ちゃんの細胞を利用していることは、私にとって道徳的に耐えられませんでした。

コロナ禍以降、アメリカの多くの人々はワクチン薬害の実態を知り、またそれを何食わぬ顔で奨める医者の存在にショックを受けました。もちろん、立派なお医者さんもいますが。

ジョージ・ブッシュの論理を信じ込んだアメリカ人

モーガン　二〇二〇年の不正選挙、翌二一年の二〇年も時間を費やしながら事実上タリバン政権に敗北したアフガニスタン撤退、二二年のウクライナ戦争と、毎年のようにアメリカ人を目覚めさせるようなショッキングなできごとが発生しました。

しかし私自身も、思えばずいぶん長い間洗脳されてきたと思います。

たとえば九・一一。渡辺惣樹先生との対談（『覚醒の日米史観――捏造された正義、正当化された殺戮』徳間書店）でも述べたことですが、私も含めて同時多発テロへのアメリカ人の反応は非常にアメリカ人らしいものでした。

アメリカ人というのは頑迷なところがあって、一度信じ込んだものを疑うことができないし、批判されると感情的になってしまうのです。

だから九・一一が起きたときも、ワールドトレードセンターに飛行機を激突させたアルカイダのテロリストたちを、本気で殺してやりたいと思うほど感情が爆発しました。

その前の一九九八年にも、アルカイダはケニアとタンザニアで「アメリカ大使館爆破事件」というテロを起こしていたこともあって余計に許せなかった。

ですからその一年半後にイラク戦争がはじまったときも、感情的には戦争を支持していました。大量破壊兵器を保持したイラクを先に攻撃しなければ、いつ大規模テロを起こされるかわからないというジョージ・ブッシュの論理を信じ込んでいたのです。

ただ後から振り返ってみると、当時の自分はまったく冷静でなかったことは明らかです。そもそも九・一一を首謀したアルカイダとイラクのフセイン政権は関係がありませんでした。

それに〝歴史の流れ〟というものが念頭になかった。ウクライナに軍事作戦を行なったロシアについてもそうですが、なぜアメリカが中東のテロリストたちのターゲットになるかもわからなかったし、「宗教戦争だ」という解釈に簡単に納得してしまったのです。

しかし「宗教戦争」であれば、教会など宗教施設を狙うはず。実際攻撃を受けたのは、ワールドトレードセンターでありペンタゴンであり、ホワイトハウスもターゲットでした。要するにただの報復であり、その理由をつくったのがワシントンの中東政策にあることが歴史を学んでわかるようになりました。

もともとイランは親米国家でした。民主的だったモハマンド・モサデク政権が油田を国有化しようとしたのを嫌ってイギリスと組んで転覆させた。そしてその代わりに一旦実権を失ったパーレビ国王政権をアメリカの傀儡《かいらい》政権として再建させたものの、失敗しました。

その結果でてきたのが、イスラム法学者のホメイニであり、イラン・ホメイニ革命（一九七九年）が起き、以来、イランは宗教色の濃い反米国家となったのです。

したがって、一九八〇年から八八年まで続いたイラン・イラク戦争のときにはアメリカは反米国家となったイランを潰すため、イラクのサダム・フセイン大統領を支援しました。だから八年間続いた戦争で甚大に疲弊したイラクをフセイン大統領が立て直そうとしたときもワシントンに相談したのです。

馬渕　イラクは長年に亘るイランとの戦争の結果、戦費などの融資をクウェートに頼っていました。しかし、クウェートとの間で石油利権や融資の返済などをめぐり軋轢《あつれき》が生じ、クウェートとの国境沿いにイラク軍が集結する事態となっていました。

おっしゃるとおり、このときフセイン大統領はイラクに駐在するグラスピー・アメリカ大使に相談し、グラスピー大使がアメリカはイラクとクウェートの国境問題には関心がないと伝達したため、この会談のすぐ後にイラクがクウェートに侵攻し湾岸戦争が始まったのです。

つまり、湾岸戦争もアメリカが仕掛けた戦争だということです。

三段階で完成するグローバリズム支配

モーガン　イラン・イラク戦争以来、数百万人の命を奪った中東の混乱の元凶はアメリカにあったわけです。

私自身が九・一一の真相を実際自分で調べるようになったのは、実は事件が起きてから二〇年後の二〇二一年です。

友人から「同時多発テロの被害状況を調べると、公式発表の説明では物理的にありえないことが起きている」と聞いたことがきっかけでした。

それまでは九・一一のアメリカ陰謀説はすべて「陰謀論」だと洗脳されていたのです。自分で考え、調べるようになってから九・一一を起こしたのはDSだというのがわかりました。サデウス・J・コジンスキー『Modernity as Apocalypse：Sacred Nihilism and the Counterfeits of Logos（黙示録としての現代性：神聖なニヒリズムとロゴスの偽造品）』）。

ですから二〇一〇年から一一年にかけて突然チュニジアを皮切りにして起きたイスラム諸国の民主化運動である「アラブの春（Arab Spring）」についても、アメリカ人は美しいことをしているというプロパガンダをそのまま受け止めていました。

しかし、ワシントンの巨悪に目覚めると、ワシントンにとって九・一一、すなわち「テロとの戦い」は〝ブランクチェック（白紙小切手）〟のような便利なもので、これを理由にすれば無制限の権限や資金を与えることができるということが見えてきました。

馬渕　ザイン・アル＝アービディーン・ベン＝アリー大統領がサウジアラビアに亡命し、二五年間続いていた政権が崩壊。チュニジアを代表する花がジャスミンであったことからこの革命は「ジャスミン革命」と呼ばれています。

ジャスミン革命の影響はまたたくまにアラブ諸国に広がり、二〇一一年二月にはヨルダンのサミール・リファーイー内閣が総辞職、八月にはリビアのカダフィ政権が崩壊、そして二〇二四年一二月八日に内戦が続いていたシリアのバッシャール・アル＝アサドがロシアに亡命し、ついにアサド政権が崩壊しました。

モーガンさんの気づきに補足すれば、アメリカの手口はいつも一緒なのです。

他国の体制を「独裁国家」と規定し「民主化」を大義名分に打倒する。そしてその次の段階として国営企業の「民営化」が行なわれ、外資であるグローバル企業が買収しやすくなり、結果的に「グローバル市場化」という段階に進むことによって、最終的には国際主義者の支配力を完成させるという「三段階の戦略」です。

モーガン　そのような三段階の戦略をアメリカ人はわかっていませんでした。各国の指導者は非道な「独裁者」としてしか見えておらず、米国民の多くは名前すら正確に知らなかったと思います。

しかし、アメリカ国民も気づいてきました。タッカー・カールソンがロシアのセルゲイ・ラブロフ外相にインタビューし、シリアの「テロリスト」を支援している国としてアメリカ、イギリスが挙げられている情報があること、悪化したのはイスラエルの望んだ状況だと指摘する声もあることを伝えています。

アメリカ式「民主化」の狙い

馬渕　アラブの春と同じパターンで〝民主化革命〟の嵐が吹き荒れたのが東欧のカラー革命。二〇〇三年一一月にグルジア（ジョージア）の「バラ革命」に始まり、翌〇四年一二月のウクライナの「オレンジ革命」、そして〇五年四月のキルギスの「チューリップ革命」と、ロシア周辺の旧ソ連諸国に次々と革命が起きました。

モーガンさんもご承知と思いますが、これらを主導したのは、一九八三年のレーガン政権のときにネオコンが主導して国務省に設立した準非政府機関・「ＮＥＤ（全米民主主義基金）」、グローバリストのジョージ・ソロスが一九九三年に設立した「オープン・ソサエティ協会（現オープン・ソサエティ財団）」や、一九四一年にナチスドイツに対抗してできた国際NGO「フリーダム・ハウス」などです。

これらの組織は民主化運動の指導者となる各国の青年たちに向けた講習会を開いて、暴力を使わない革命の手法を伝授しました。

ビラや新聞の印刷のために、輪転機まで援助する。各々のカラー革命に何千万ドルという資金が流れたと言われています。

そして、その民主化革命をロシアでも起こそうとした。プーチンを潰してロシアを事実上手に入れようとしたわけです。

モーガン　プーチンの宿敵とされ北極圏の刑務所で二〇二四年二月に死亡したアレクセイ・ナワリヌイは、二〇一二年にロシアでも五年以内に「アラブの春」が起きると述べていたといいますね。

ＮＥＤは「第二のＣＩＡ」と呼ばれ、ＣＩＡが非公然でやってきた工作を公然とやっている組織です。ＮＥＤは中国本土や台湾、香港の民主化運動も主導しています。

かくもＤＳは、アメリカ式「民主化」運動で各国に火種をばら撒いていると言っていい。

プーチンによるアメリカ式「民主化」運動への抵抗は、こうしたＤＳ支配を阻止するためのものであるという視点を持たなければ、世界認識が誤ったものになってしまいます。習近平もそれに抵抗したのです。

しかし、これだけ警鐘を鳴らしても、日本の有識者はアメリカによる「民主化」というプロパガンダを疑いもしない。

「プーチンの野望」というプロパガンダ

モーガン　ウクライナ戦争にしても、アメリカがロシアとの約束を破り、NATO（北大西洋条約機構）を旧ソ連圏と衛星国まで拡大したのが大きな原因です。

ソ連が猛反発しているにもかかわらず、一九九九年、ポーランド、ハンガリー、チェコが、二〇〇四年には、ブルガリア、エストニア、ラトビア、リトアニア、ルーマニア、スロバキア、およびスロベニアの中東欧諸国七カ国が加盟しました。

保守の代表的なオピニオン誌だって、その事実を知らないはずはない。なのに、その論調のほとんどが、CIAプロパガンダと見まがうばかりの発言をしている識者のオンパレードです。

具体的には、「プーチンは愚かな独裁者だから、ウクライナを侵略したときは周囲の人間の声に耳を貸さず、彼我の戦闘力の差もわからずに、見切り発車的にウクライナを侵略した」と。

ゆえにクリミアや東部二州という、ロシア人が多い、いわゆる「親ロ派」の地域の住民をウクライナのネオナチから守りたいというプーチン大統領の立ち位置が見えない。そもそも見るつもりがないのかもしれませんが。

しかも「ウクライナ戦争」という呼称からしてDSのプロパガンダです。ロシアからすればこれは「特別軍事作戦」なのです。

馬渕　モーガンさんのおっしゃるとおりです。彼らは「プーチンの野望」をでっち上げたい。しかし、プーチンは「ロシアには関わってくれるな」と常に言っている。エビデンスに困ると「国際法違反」と言うけれども、先に約束を破ったのは西側です。

戦争の趨勢《すうせい》についても日本や欧米のメディアはずっとウクライナの優勢を報じていましたが、実態は正反対でした。

現に「ウクライナ軍の死者数が十万人に及ぶ」とフォン・デア・ライエン欧州委員長が二〇二二年に発言したように、ウクライナ正規軍は事実上壊滅しているのです。

では誰が戦っているのかというと、四万人のポーランド軍やその他NATO諸国の義勇兵です。

つまり、ゼレンスキー大統領は、欧米やその背後にいるDSの操り人形に過ぎない。そうした代理戦争に巻き込まれたウクライナ国民こそ悲劇なのです。

一つ逆説めいたことを言いましょう。

トランプ大統領の仲介でウクライナ戦争が終結した場合、すでにゼレンスキー氏の両親が亡命し、DSの息がかかるイスラエルではなく、彼らに抗うプーチン大統領のいるロシアに亡命したほうが身の安全は確保されます。

なぜなら、ウクライナ戦争のカラクリを知っているゼレンスキー氏の存在は、DSにとって不都合だからです。

モーガン　馬渕先生がよくおっしゃる「常識で考えればわかる」ということですね。

確かに、停戦後にゼレンスキーが邪魔になるのは、ワシントンです。

ハマスを支援するもの

モーガン　馬渕先生の見立ては、ＤＳはウクライナ戦争でロシアの力を削ぐことに失敗したので、中東で新たな戦争を始めたということ。それが二〇二三年一〇月七日から始まったイスラエル・ハマス戦争だと。

『馬渕睦夫が読み解く２０２５年世界の真実』（WAC BUNKO）では「ハマスは中東をかき乱すトラブルメーカーとして、ＤＳに支援されていた」と述べておられます。

まさにおっしゃるとおりで、ＰＬＯ（パレスチナ解放機構）議長だったヤセル・アラファト氏の後継者であるマフムード・アッバス議長が率いるパレスチナ自治政府と、ハマスは敵対関係にありました。

アメリカの著名なジャーナリスト、シーモア・ハーシュは、オスロ合意の実現を阻止し、パレスチナ自治政府を弱体化するため、イスラエルのネタニヤフ首相がハマスを密かに支援してきたというイスラエル国家安全保障関係者の見方を伝えています。

オスロ合意は一九九三年にイスラエルとＰＬＯの間で同意された協定で、大きく二つの約束があります。

①イスラエルを国家として、ＰＬＯをパレスチナの自治政府として相互に承

認する

②イスラエルが占領した地域から暫定的に撤退し、五年にわたって自治政府による自治を認める。その五年の間に今後の詳細を協議する

この合意とPLOを弱体化させるために、ネタニヤフ首相はハマスを支援してきたわけですが、まさに飼い犬に手を嚙まれる結果を招いた。これはCIAが反米となるアルカイダやIS（Islamic State）を育ててしまった失敗例と同じ過ちです。

ISは、ワシントンがそのテロ組織の創立に大きく貢献しましたし、シリア内戦を長引かせたのもワシントンでした。

アフガニスタンを支配しているタリバンも、タリバンがソ連軍と戦っていたときにワシントンが支援を与えていました。ワシントンがアフガニスタンで残した膨大な武器などは、タリバンなどが引き続きそれを使うという図式ですね。

馬渕　DSはイスラエルとハマスの戦争を泥沼化させ、世界を第三次世界大戦に巻き込むことで延命を図っているのでしょう。

ハマスの攻撃の背後にイランがいるという報道や、イランでハマスの最高指導者で

あったハニヤ氏が暗殺されたことで、イランを第三次世界大戦に巻き込もうとしていることも考えられます。

日本の中東専門家が語らないのはイラン国内における次の対立関係です。対イスラエル強硬派である革命防衛隊はＤＳの手先であり、最高指導者であるハメネイ師にも影響力を行使している、という事実です。

つまり、革命防衛隊（ＤＳ）vs.ハメネイ師という対立軸を語らない。ハメネイ師はイスラエルとの戦争を回避したいと考えている一方、革命防衛隊は他国に対し過激な行動を繰り返すのはこうした理由があるらです。

第一次トランプ政権の二〇一九年六月、イランによるアメリカドローン撃墜事件が起きましたね。

当初報復すると公言していたトランプ大統領が後になってそれを止めたのは、ハメネイ師の知らないうちに革命防衛隊が独走したことが判明したからです。

その一方で、トランプ氏は二〇二〇年一月に革命防衛隊のスレイマニ司令官を暗殺しています。

対してハメネイ師はアメリカへの報復を宣言しましたが、実害のない形式的なジェスチャーでした。トランプ＋ハメネイvs.ＤＳ＋革命防衛隊という対立は、反米国家イランという一色の見方ではわからないことです。

トランプ大統領が復活すれば中東の混乱も終息するというのは、ただの楽観論ではないのです。

イスラエルとアメリカの異常な関係

モーガン 私はアメリカとイスラエルの関係の異常さに注目しておりまして、アメリカとイスラエルの関係は「双生児」だと書いたことがあります（前掲書『覚醒の日米史観』）。

要するに両国とも「歴史がない」ため、〝神話〟を捏造する必要があったということです。

つまり、「第二次世界大戦は正義のためにアメリカは戦った」という神話と、「世界史上、ホロコーストの最大の被害者であるユダヤ人」による「イスラエル建国」の正統性は、ワンセットの神話なのです。

したがって、片方の前提が覆《くつがえ》ると共倒れになってしまいます。ゆえにイスラエルがどんなに非道なことを行なっても、アメリカは支持するしかない。実際、トランプ支持者のキャンディス・オーウェンズ氏がガザでホロコーストをしているイスラエル軍を非難すると、「ユダヤ人が嫌い」＝「ナチスなのだ」という図式で言論弾圧を受け、仕事を失うことになりました。

アメリカでは「ナチスドイツの犠牲者であるユダヤ人を批判するのか」と言われればみな口をつぐんでしまうのです。

ナチスドイツ＝絶対悪、ユダヤ人＝絶対善という伝家の宝刀がワシントンとシオニストの「正統性」を支えているのです。

そしてアメリカ人も、自分の国の暗黒な歴史を隠すために、自分たちの正義を強調するために、イスラエルを隠れ蓑として、無意識にも利用していると言っていい。

この神話の本質は、ユダヤ教、旧約聖書とは関係ない。宗教的なことは利用されているに過ぎないのです。旧約聖書のイスラエルと今のイスラエル国家はまったく別物なのです。

この双生児の関係がよく表れているのが「リバティー号事件」です。

一九六七年の第三次中東戦争（六日間戦争）のさなかに、米海軍のスパイ船がイスラエル空軍機と魚雷艇から攻撃を受け、死者三四名、負傷者一七一名を出した事件ですが、アメリカとイスラエルの二国間では「誤爆」というかたちで片づけられました。

しかし、二〇二四年一二月一二日にリバティー号事件の生存者である海軍のフィル・ターニー氏を、オーウェンズ氏がインタビューする動画が公開されます（YouTube「キャンディス・オーウェンズがUSSリバティー攻撃の生存者にインタビュー」）。この動画は公開後二四時間で二〇〇万人が視聴したといいます。

ターニー氏は、「誤爆ではなく、明らかな攻撃だった」と証言したのです。

そして、米空母から飛行機が救出にきていたのに、当時の国務長官のロバート・マクナマラ氏がそれを止めるように指示したと。

空母の艦長は「それはできない」と、救出を続行しようとしましたが、米大統領であるリンドン・ジョンソン氏がそれを止めたというのです。

端的に言えば、見殺しにしようとした。

そしてリバティー号を攻撃したのはエジプトということにすれば、アメリカは参戦できる。

これは偶然なのですが、この目撃者はトンキン湾事件のときに攻撃を受けたアメリカ海軍の駆逐艦に、後日乗っていたというのです。

この事件は、一九六四年八月、北ベトナム沖のトンキン湾で北ベトナム軍の哨戒艇が米駆逐艦に二発の魚雷を発射したとされるものですが、これをきっかけに、アメリカは本格的にベトナム戦争に介入しました。

つまり、わずか三年の間に同じような事件が起きていたわけです。

これがワシントンの手口です。

一八九八年の米西戦争（アメリカ＝スペイン戦争）のきっかけも同年二月一五日にハバナ湾で、アメリカ海軍戦艦メイン号が爆発・沈没し、二六六名の乗員を失った事故を「スペインの仕業」とメディアが米国民を煽ったことから始まりました。

「リメンバー・パールハーバー」の反省をいまだ求め続けられる日本こそ、そのアメリカの常套手段の恐ろしさが身をもってわかるはずです。

当時のフランクリン・ルーズベルト政権は、日本の暗号文を解読しており、真珠湾攻撃をあらかじめ察知していたことが、いまではわかっています。

馬渕　まだ覚えてる人もいることでしょうが、九・一一の世界貿易センタービルへの攻撃について、当初「真珠湾以来のアメリカ本土攻撃である」と喧伝されました。ところが興味深いことに、そのすぐあとに、なぜかピタリと言われなくなった。

ここに考察が必要なのです。

実はテロ攻撃を受ける一年前に、チェイニーやラムズフェルドなど後のブッシュ政権の主要閣僚になる、いわゆるネオコンの論客たちによってまとめられた「アメリカ防衛の再建」というレポートに、「テロとのグローバルな戦い（Global War on Terror）」を行なうためには「新たな真珠湾」のような事件の必要性が触れられていたのです。

ゆえにブッシュ大統領は真珠湾に言及したと推察できます。

逆に言えば、「真珠湾攻撃」が他国に先に戦争を仕掛けるよう仕向ける謀略であることを知っている人たちからすると、九・一一もアメリカの謀略であることが簡単にばれてしまうわけです。

語るに落ちるとはこのことです。

モーガン　まさにおっしゃるとおりです。そもそも無差別に民間人を狙った九・一一テロと、軍艦と軍事施設だけに見事に的を絞った真珠湾攻撃を一緒にすること自体が間違っているのですが。

日本がトラブルメーカーになる未来

馬渕　トランプ氏の大統領選勝利、そして新政権発足にともない、駐日大使を辞めることに決まったラーム・エマニュエル氏。

その彼が二〇二五年の一月になっても日本にいたこと。その理由を考えるのは非常に重要です。

私の見立てでは、彼の目的は日本を悪者にすること。かつての北朝鮮のように日本を世界のトラブルメーカーにする。ゆえに、石破茂氏が首相の座に座っていられるのです。だからまるで日本だけが世界の潮流から逆走しています。

モーガン　ラーム・エマニュエルの役割は、東アジアで日本に戦争をさせようとしているのではないでしょうか。

馬渕　同感です。私もDSは、次のターゲットを東アジアにしようとしていると見ています。二〇二四年四月にホワイトハウスで日米比首脳会談が開かれましたね。三カ国による防衛協力が話し合われたとされていますが、アメリカは日本とフィリピンに中国と戦争をさせようとしているのではないかと懸念しました

中国を念頭に日本でも有事に備え、核武装論が活発になっています。私も核武装自体は否定しません。

では、どこに対して核武装するのか？

防衛白書を見るまでもなく中国であることは明白です。問題は中国が三〇〇～五〇〇発の核弾頭を保有していることです。もし中国の核攻撃を抑止したいというならば、一発や二発ではだめで、いわゆる相互確証破壊、核武装するなら日本も中国と同程度の核弾頭を即座に保有しなくてはならないのです。

はたしてそれができるのか。

どうやって実現するのか。

日本の核武装論者はこの議論を一切しないのです。

二〇二四年一〇月に世界からの核廃絶を訴える「日本被団協（日本原水爆被害者団体協議会）」がノーベル平和賞を受賞し、それ自体は喜ばしいですが、核弾頭がなくなるかといえば現実はそうは甘くありません。

核廃絶でも核武装でもなく、核ミサイルを無効化する兵器の開発を自衛隊はすべきです。核ミサイルをブースト段階で撃ち落とす。あるいはサイバー攻撃などで発射せないようにする。そのような研究を自衛隊には期待したいです。

モーガン　日本国内での原爆投下についての政府の公式見解や報道が変だと思うのは、それを投下した敵国としてのアメリカの存在が見えないことです。まるで原爆という自然災害が起きたかのように報じている。

さらにおかしいのは、使用してもいないのに、プーチン大統領が核兵器を投下すると決めつけていること。

これもあからさまなプロパガンダです。

アメリカが干渉した国は不幸になる

馬渕　DSは日本だけでなく、韓国も自分たちの手駒にしようとしていました。二〇二三年八月、キャンプ・デービッドで開かれた日米韓首脳会談で、韓国が北朝鮮を攻撃することが話し合われた可能性があるのです。

言うまでもなく、朝鮮半島で戦争が起これば、日本も巻き込まれることは必至。私は台湾有事よりも、真に恐れるべきなのは朝鮮半島有事だと考えています。しかも、それは韓国による北朝鮮侵攻。朝鮮半島ウォッチャーが言うところの、北朝鮮が韓国に侵攻するストーリーではありません。

実際、二四年一二月三日に四五年ぶりに尹錫悦《ユンソンニョル》大統領が「非常戒厳（戒厳令）」を出し、その後も混乱が続いていますが、幸い北朝鮮侵攻は起きませんでした。

DSは韓国および日本を利用して朝鮮半島有事、あるいは台湾、フィリピンを中国と戦わせようとしてますが、そのようなDSの悪あがきを潰しているのがプーチン大統領と見るべきでしょう。北朝鮮とロシアの同盟締結はパラダイムシフトが起きたといっていいほどのことでした。

日本のメディアは「ウクライナ戦争で弾薬が足りないから、北朝鮮に支援を求めた」「弾薬を供与する代わりに、ロシアの最新軍事技術の提供を求めた」などと、トンチンカンな報道に終始しています。

しかし、ロシアが北朝鮮に弾薬提供を求めるのであれば、プーチン大統領が北朝鮮を訪問するのが筋でしょう。わざわざロシアを訪問した金正恩総書記は、「ロシアは偉業を成し遂げた」と称賛しました。

察するにこれは、ロシアがＤＳと正面から戦い、勝利を収めつつあることを評価する発言ではないでしょうか。

しかしそのことを理解するためには、北朝鮮がＤＳのトラブルメーカーとして、さまざまなことを仕掛けてきた戦後史を理解しなければなりません。

北朝鮮の役割を考えるうえで、わかりやすい例が、一九五〇年六月に発生した朝鮮戦争です。

そのきっかけは、同年の一月、当時トルーマン政権の国務長官だったディーン・アチソンの演説です。アチソン・ドクトリンと呼ばれているものですが、「中国大陸から台湾への侵攻があっても、台湾防衛のためにアメリカが介入することはない。アメリカのアジア地域の防衛線には南朝鮮を含めない」と明言しました。要するに中国や北朝鮮に台湾や韓国への侵攻を事実上容認することを意味する発言でした。

歴史を見ると、このアチソンの発言は、湾岸戦争のときにサダム・フセインのクウエート侵攻を容認したのと同じ手口であることがわかります。

アチソン演説から五カ月後の六月二五日、北朝鮮軍は三八度線を越え韓国になだれ込みました。

モーガン　最近、北朝鮮に関する書籍を読みました（A.B. Abrams, Immovable Object: North Korea's 70 Years at War with American Power）。擁護とはいかないまでもアメリカ人の書いたもののなかで、北朝鮮を悪魔扱いしていないものははじめてです。

大東亜戦争を振り返ると、アジアのことはアジア人で決めるという自明の権利を、白人至上主義のワシントンが一方的に打ち破って介入してきた戦争だったと見ることができます。

清朝と大日本帝国で話し合えば済んだものをアメリカが干渉したことで複雑化しました。大日本帝国は満洲国をつくり、朝鮮半島まで支配したのはソ連の脅威に備えてのことでした。

また、それは台湾統治を含めカオス化した中国大陸への対処でもあったわけです。

実は戦後、アメリカが実現しようとしたソ連の抑止をすでに戦前の日本はなしとげていたのです。北方領土はいまだロシアに占領されたままですが、こうなったのも、そもそもワシントンが大日本帝国を破壊したからです。

つまり、三万四〇〇〇人近い米兵の死者という甚大な被害を出した朝鮮戦争の成果が、トラブルメーカーの北朝鮮と、韓国という分断を生みました。戦後、ＣＩＡの傀儡だった李承晩が初代大統領として韓国を治めようとしましたが、大混乱に陥った。

考えてみれば、終戦まで朝鮮半島が日本の一部だったことでアメリカに迷惑をかけたことがあったのか。

戦後八〇年になりますが、ワシントンと大日本帝国を比較して、どちらが上手く朝鮮半島の状況を改善したかは、言うまでもありません。

中国大陸にしてもワシントンが蔣介石の国民党を支援し、日本との戦争を長引かせた結果、弱小だった毛沢東の中国共産党は清朝の巨大な版図をそのまま手にし、チベット、ウイグル、満州などの国々を次々に侵略していきました。

しかしそれを黙って見てきたのがアメリカなのです。

台湾と中国が争う「一つの中国」問題にしても、ワシントンはあえてあいまいにしています。台湾に対するワシントンのやり方は酷くて見放したかと思えば手を差し伸べる。

これはまるでドメスティック・バイオレンスの旦那のような存在です。

欧米のグローバル企業が安い労働力と土地を求めて投資することにより、中国は「世界の工場」となり、今では中国共産党は日本と台湾はおろかアメリカに牙をむく一番の脅威にまで育ちました。

アメリカが干渉した結果、アジアはどの国も不幸になり、火種を抱えたまま混乱しています。

朝鮮半島にしても、北朝鮮は確かに問題が多いですが、韓国もろくでもないことをしている。日本人の発想として一〇〇パーセント悪で一〇〇パーセント善と白黒はっきりつくような区別はしないはずなのに、日本で北朝鮮は一〇〇パーセント悪の存在になっている。これこそプロパガンダによるものです。

火種を残して去ったアメリカ

馬渕　さまざまなところで言及していますが、戦後、アメリカは日本に隣国との紛争の種をしっかりと蒔いていったのです。

いわゆる分割統治。北方領土、竹島、尖閣で隣国との領土問題がそれです。

竹島の場合、アメリカは日本と連合国との講和条約交渉において竹島が日本領であることを認めていました。

というのも、韓国政府が講和条約で日本が放棄する領土に竹島を入れるようアメリカ政府に要請したのですが、竹島は一九〇五年ごろから島根県の管轄下にあり、竹島がかつて朝鮮によって領有権の主張がなされたとは見られない（ラスク国務次官補の発梁駐米韓国大使宛書簡）と回答したからです。

つまり、竹島は講和条約において日本が放棄する対象にはならなかった。

それなのに、現在竹島が韓国に占領されているのは、一九五二年一月に李承晩が一方的に李承晩ラインを設定し竹島を取り込んでしまったのです。完全なる国際法違反です。

このときアメリカが「竹島は日本領である」と公言すれば領土問題はそもそも生じなかった。あえて火種を残したわけです。

北朝鮮の拉致事件にしても、ＣＩＡが北朝鮮にやらせた疑いが濃厚です。日本の警察は決して無能ではありませんから、取り締まれないはずがない。常識的に考えれば、手が出せない理由があった。

そして拉致問題があることによって日本と北朝鮮は対立した。

北方領土問題も、ＤＳは在日イギリス大使館を通じて、千島列島の範囲をあいまいにさせることで争わせようとしました。

また、保守のなかでも声が大きい「四島一括返還」を煽ったのもＤＳです。

二〇一八年に、安倍総理とプーチン大統領が会談し、歯舞群島と色丹島の二島返還という歴史的な合意がなされましたが、この合意は土壇場でくつがえされてしまった。『安倍晋三回顧録』（中央公論新社）のなかで安倍総理は「ロシア国内に反対する勢力があった」と述べていますが、その勢力こそがＤＳのエージェントです。ロシアにもＤＳは巣くっている。

モーガン　北朝鮮といえば、精巧なドル紙幣の偽札をつくることで有名ですが、印刷機やインク、紙幣の原料など貧しい北朝鮮一国でできるはずがない。

また、北朝鮮がミサイル実験をすればするほど、アメリカの弾道ミサイル防衛システムを日本に売りやすくなる。ＤＳにとって北朝鮮はすごく〝便利〟な存在だったわけですね。

馬渕　日本を取り巻く東アジアの火種だらけの戦後史を眺めると、ロシアと北朝鮮が対ＤＳに向け同盟を組んだことの意義の大きさがわかります。

それに言及せずに、従来的な見方で北朝鮮を語っている保守言論人は、ＤＳのプロパガンダに染まったビジネス保守とバレてしまうのです。

第二章

反日国家アメリカのプロパガンダ

アメリカの反日は韓国を超える

馬渕　モーガンさんが『歴史認識問題研究』第9号でお書きになった論文「『ニューレフト』の沿革と米国の『反日』思想の成立」は、まさに日本人が知らないアメリカの歴史です。

当論文では韓国とアメリカの「反日」の違いと共通点から話が始まりますが、注目したいのはその違いです

韓国がイデオロギーの左右を問わず国を挙げて反日なのに対し、アメリカの反日は左翼の専売特許だと。逆に言うと親日は「右翼」というレッテルを貼られてしまう。それは両国の歴史が違うからで、日本に併合されたかどうかの差に表れています。そういう意味では、中国の反日も韓国に近いでしょう。

これはよくわかりますね。しかし興味深いのが、反日の度合いとしては反日無罪の韓国よりもアメリカのほうが上回るという指摘です。

それをひも解くにはそもそも左翼が反日でなかった建国の歴史までさかのぼる必要がある、というのが論文のさわりです。

日本国内では「反日＝左翼・リベラル」という図式は常識にさえなっています。しかしアメリカの場合、それは一九六〇年代以降という比較的新しい現象で、むしろ、第二次世界大戦の直前まで「オールド・レフト」と「オールド・ライト」が接近し、帝国化を望む勢力――グローバリストといってもいいと思いますが――と対立し、前者は日本との戦争にも反対だったというご指摘は多くの読者にとっても目からウロコではないでしょうか。

すなわち、日本を破滅に追いやったのはいわゆる左翼でも右翼でもなく、グローバリストだったという構図が明確になりました。

モーガン　論文を読んでいただきありがとうございます。

私が興味を持ったのは、なぜ現在の左派のように、過激な反日種族主義者ばかりがあつまるようになっているのか分析するためのものでした。

なぜなら、もともと左翼は決して反日ではありませんでした。つまり、左翼がニュー・レフト（新左翼）へ変貌していくときに反日になったのです。

その理由を知りたかったのです。

今でも「オールド・レフト」に近い左翼は反日にはほとんど関わっていません。戦前も黄禍論による排日運動はありましたが、人種差別に基づく移民問題であり、いわゆる反日とは別の話です。

また、アメリカ左翼の歴史をひも解くと、左翼vs.右翼よりも左翼内の対立のほうが大きく複雑です。それにはアメリカの帝国化と共産主義の浸透が絡み合っていたことが無視できません。読者の皆様に、そのことをなるべく簡単にお話しいたします。

アメリカ左派、三つの系譜

モーガン　アメリカの左派のルーツは、建国以前にまでさかのぼります。

十八世紀アメリカの一番有名な左派といえばトマス・ペイン（1737-1809）でしょう。

ペインはアメリカの独立は当然の権利であり、必然であるとした『コモン・センス（Common Sense）』という挑発的な反君主パンフレットを発表し、当局から要注意人物と目されました。既存の体制を真正面から倒そうとするペインの特徴は後世にも引き継がれ過激化していきます。

もう一人の代表的アメリカ左派がアレクサンダー・ハミルトン（1757－1804）です。

アメリカを一つの理念と見なし、アメリカがもたらすフリーダム（自由）を常に世界の隅々まで輸出していかなければならないと信じていました。その進歩のためには、戦争も辞さないという強硬な態度を示しました。

一方このハミルトンと対極に立つ左派が啓蒙思想家で農本民主主義者であるトマス・ジェファーソン（1743－1826）です。ジェファーソンにとってアメリカは理念などではなく場所そのものであるといいます。自分たちが具体的に存在している土地と村と農民を守り、土を耕し、個人の自由を保つことが人生の最高の使命だと信じていました。

ペインのように真正面から体制を倒そうとする左派と、体制を利用して「未開」の地に自由をもたらそうと干渉するハミルトン的左派（進歩派）の両者は、南北戦争が始まる以前に奴隷制度を集中的に攻撃します。

ペイン派の代表的人物としては、過激な奴隷廃止論者で教科書にも載るくらい有名なのがジョン・ブラウン（1800－1859）。一八五九年に連邦政府が所有する武器庫を占拠して、奴隷の反乱を画策しようとした人です。

一方、ハミルトン派の代表的人物にいるのがジョン・チャールズ・フレモント（1813‐1890）。南北戦争（1861‐1865）を強く望み、リンカーン大統領に情け容赦なく戦争をするよう促していました。

ブラウンにしろフレモントにしろ、アメリカでもっとも有力な左派は初期の共和党に集まっていました。

ここからも共和党＝保守というのは間違いです。

左派にとってリンカーン大統領の登場は南北戦争による文明破壊と、奴隷解放というハミルトン的理想も、またその対極にある定住する啓蒙主義のジェファーソン派の理想もペイン的理想も実現できるまたとない機会だったのです。

しかし、「解放」された黒人がその後ハミルトン派の人たちに見捨てられたことは、アメリカ左派の欺瞞《ぎまん》性をよく表しています。

アメリカ左派の転換期

モーガン　ペイン派とハミルトン派を融合させたということで南北戦争はアメリカの左派にとって大きな転換期となりました。そして南北戦争後が終わったあとも政府の中枢を握った左派は、ハミルトン派としては東海岸から西海岸へ拡大しようとし、ペイン派は武力を用いてジェノサイドに励んでゆく。

これがすなわちアメリカの帝国化の始まりなのです。

馬渕　フレモントは自分の奴隷を解放したこと、それから一八六一年八月にミズーリ州で戒厳令を発令して奴隷解放宣言を発表したことで有名ですが、その彼もアメリカ西部でインディアンの虐殺に参加したわけですね。つまり、口では奴隷解放をいいながら人種差別をしていたことに変わりはなかった。

モーガン　おっしゃるとおりです。もちろん、左派のなかにもそのようなアメリカの帝国化に反対した人もいます。たとえば、南北戦争より前の米墨戦争（１８４６‐１８４８）に反対したヘンリー・デイヴィッド・ソロー（１８１７‐１８６２）は、税金を払うのを拒否して入獄させられています。

しかし、南北戦争以後は戦争に反対する左派はほとんどいなくなります。

南北戦争はペイン派とハミルトン派を結託させ、さらにジェファーソン的左派も合わさって（のちに一部はオールド・ライトになるが）、また、左右が思想的に一致する傾向を見せるようになります。これに軍隊が融合し、帝国への道を進んで行くのです。

分裂する左派勢力

モーガン　しかし、西部開拓が進み、プエルトリコ、グアム、フィリピン、キューバなど国外にも進出するようになりアメリカの帝国化が進むにつれ、ふたたび左派はそれに反対する勢力と二つに分裂します。

なぜならもともとイギリスの植民地だった過去から独立を勝ち取ったアメリカが大英帝国と同じ道を歩むことを拒む心理があったからです。

帝国化に向かう前、つまり「ジェファーソン時代のアメリカを取り戻したい」と思うセンチメンタル左派は、アメリカの帝国化に全力で抵抗します。

これにマルクス主義者が加わる。なぜなら帝国化すると労働者の立場が弱くなり、国家を破壊する世界革命がしづらくなるからです。

この版図が拡大していく過程でアメリカの左派は、再度二つに分かれます。進歩派のなかにあっても膨張しすぎることに恐れを抱くものがでてきたのです。

馬渕　つまり、アメリカ左派は南北戦争によってハミルトン派とペイン派が融合し、西へ西へと帝国化を望みながらもそれが進むとともに不安になり、反帝国派へと分裂していったわけですね。

モーガン　特にアメリカの歴史家フレデリック・ジャクソン・ターナー（1861-1932）が1893年に書いた『アメリカ史におけるフロンティアの意義』は、左派を分裂させる鋭い刀となりました。

ターナー自身は、「フロンティア（辺境）は西部開拓まで、アメリカ大陸内部に止まるべきだ」と思っていましたが、帝国主義者はそうではありません。

帝国主義者は世界中に進出し、他民族を文明化するのが白人の義務だと考えていました。たとえば、セオドア・ルーズベルト（1858-1919）は、一八九八年の米西戦争で正式に始まったアメリカ帝国化を支持しています。

極端にいうと、アメリカの帝国化はアメリカの誰のためなのか、それとも帝国主義のためなのか、選択を突き付けられた状況だったのです。

そして西部開拓を越えて西へ西へと膨張するアメリカ帝国の行き着く先は大日本帝国との衝突であることは、必然でした。

しかし「フロンティア説」を唱えた歴史家ターナーでさえそうですが、まさかそれから五〇年以内にアメリカの「フロンティア」が大日本帝国の「フロンティア」にぶつかるとは、誰にも予言できなかったのです。

とはいえ、帝国化に反対する左派、特に歴史に精通した左派は、帝国化の道は必ず本土を大きく変えると予測していました。ゆえに戦争を阻止しようとしたのです。

なぜロシアだけ革命が成功したのか

モーガン　一九一七年、ロシア帝国を打倒してボルシェビキ政権を生んだロシア革命が起きると、革命後のコミンテルンがアメリカに派遣する工作員、共産主義者の「宣教師」の影響で、左派は真っ二つに二極化します。

一極はアメリカの帝国化に反対する左派＝「オールド・レフト」。こちらはマルクス主義の波に乗って共産主義が世界制覇に貢献することに猛反対しました。

もう一極はコミンテルンの工作員と共闘する左派です。アメリカのリードによる世界の共産主義化を望んでいた。

ここにきて、ともに共産主義＝グローバル化に反対するオールド・レフトとオールド・ライトの主張が似てきます。

しかしマルクス主義の隆盛はロシア革命で絶頂を迎えるものの、以後急速に失墜します。なぜなら、ロシア革命を挟む第一次世界大戦（1914-1918）が、共産主義イデオロギーの虚しさを暴いてしまったからです。

資本家と労働者の階級闘争により革命が起きて社会主義、ついで共産主義が起きるという進歩史観が、ただの夢幻だったことを全世界の労働組合が痛感してしまった。労働者は解放されることなく革命はどこにも起こらなかった。

馬渕　ロシア革命がなぜ成功したかといえば、それが「ユダヤ革命」だったからです。マルクスの言う労働者によるものでなく、ロシアの少数民族ユダヤ人を解放するために、国外に亡命していたユダヤ人が、ロンドン・シティやニューヨークのユダヤ系国際金融勢力の支援を受けて起こした革命だったからうまくいったのです。

イギリスの高名な知識人であるヒレア・ベロック（1870-1953）も『The

Jews』のなかで、ロシア革命は「ジュイッシュ・レボルーション」であると明言しています。

私はロシア革命の正体を明らかにすることが非常に重要なことだと、さまざまな機会に書いてきましたが、日本ではなかなか研究が進みません。これもまた、進歩史観に基づくプロパガンダで学会が動いているということでしょう。

日米戦争に反対していた左翼

モーガン　一九二二年、レーニンのあとにソ連のかじを握ったのがヨシフスターリンです。アメリカでは明らかに失敗で終わったはずの「正統」マルクス主義ですが、スターリンとフランクリン・デラノ・ルーズベルト、このふたりの協力によってマルクス主義者の夢が蘇ります。

このふたりの協同によりつくられた戦略が「反日」だったのです。

スターリンとルーズベルトは、二人とも大日本帝国と戦争をしたかった。その戦争を理由に、自国の経済を再生させ、大日本帝国を排除する国際政治の枠組みの建設を目指した。

ルーズベルトおよびマルクス主義者たちは日本との戦争ムードを煽っていきます。それは同時にアメリカ国内の赤化を進行させた。その一方、もともと反帝国主義だったオールド・レフトとオールド・ライトが日本との戦争に反対することでますます主張が似るようになります。

たとえばその代表的な人物が進歩派歴史家のチャールズ・ビアード（１８７４‐１９４８）です。当時ビアードは経済史と憲法史で有名でしたが、ワシントンがヨーロッパの戦争である第一次世界大戦に参戦し、第二次世界大戦への参戦まで正当化しようとするのにおよび、ワシントン自体を疑うようになりました。

亡くなってからのビアードは、アメリカでは長い間忘れられた歴史家でしたが、近年のアメリカ保守のなかでは、再評価する人が増えています。

たとえばアメリカの帝国化を憂い、ネオコンを厳しく批判するアンドリュー・ベースヴィッチがそうです。ベースヴィッチと彼に賛成しているオールド・ライト（またはオールド・レフト）は、高く評価されているビアードの経済史よりも反帝国化のスタンスこそ一番の業績だと賞賛します。

ビアードやその一部の左派はルーズベルトが日本を追い詰めることに反対の声を上げ、やめるよう促しました。また、ビアードは、日本の真珠湾攻撃についても最初に一発を撃たせるようにルーズベルトが仕向けたのではないかと疑問を表明したことでも有名です。

ガー・アルペロビッツのように当時から原爆投下や大空襲について軍事戦略的にも道徳的にも許しがたいと批判する左派もいたのです。

馬渕　スターリンとルーズベルトおよび米ソ関係を補足すると、スターリンはソ連の弱さを熟知していたので、アメリカの攻撃を心底恐れていました。だからスターリンはアメリカとの戦争を誘発するような挑発は一切行わなかったといいます(ニキータ・フルシチョフ『フルシチョフ　封印されていた証言』)。

また、ソ連との経済関係を促進したのは、アメリカの資本家たちでした。たとえば、ソ連との貿易の先導役を務めたのは、オクシデンタル石油会長のアーマンド・ハマーで、レーニンと話をつけて、アメリカの穀物や自動車の輸出を始めます。

ハマーは医者であったことからロシア革命直後、ソ連革命軍の医療班に入るほどの熱の入れようでした。

その後ハマーは七〇年間にわたりソ連を訪問し、ソ連とアメリカの指導者を結びつける働きをします。

また、デイビッド・ロックフェラーなどの財閥はソ連との経済関係の構築に熱心に取り組みました。ロックフェラーが所有するチェース・マンハッタン銀行は、一九七三年五月、モスクワに支店を開設した最初のアメリカの銀行です。このようにアメリカの財閥は共産主義国とのビジネスに利益を見いだしていました。

この話と関連しているのが戦後の東西冷戦です。

時代は飛びますが、非常に重要なので、ここで読者の皆さんに再認識していただきましょう。

はじめに結論を申し上げると、米ソを中心にした対立、東西冷戦は本当にあったのかという大問題です。もっとはっきりいえば、冷戦は〝八百長〟である、DSによるプロパガンダということです。

朝鮮戦争がアチソンの演説をきっかけに始まったことはすでに述べましたが、もう一つ大きなポイントがあります。なぜ国連軍を組織できたのでしょうか。

国連安保理の常任理事国であるソ連が拒否権を発動すれば国連軍の編成はできなか

ったはず。ところが、ソ連は国連軍編成に反対せず、安保理審議に欠席することで黙認したのです。

ソ連の外務大臣を長年務め最後は最高会議幹部会議長（国家元首）として公の人生を全うしたアンドレイ・グロムイコ（１９０９‐１９８９）の回想録によれば、ソ連代表は安保理に出席しないようスターリンが指示をしたことが書かれています。

通説では、ソ連が安保理をボイコットしたのは、蔣介石の中華民国が安保理の常任理事国に居座っていることへの抗議だといいます。

しかし当時北朝鮮はソ連の同盟国でした。まがりなりにも同盟国である北朝鮮を見捨てる理由としては優先順位が低い。スターリンが黙認したと捉える方が自然です。このようにアチソン演説での北朝鮮へのゴーサインとスターリンの事実上の国連軍編成賛成から、朝鮮戦争は米ソの結託によるものだったという真相が見えてくるのです。

米ソ結託を裏付けるのは朝鮮戦争でのアメリカの戦いぶりからもうかがうことができます。中共軍の侵入経路である鴨緑江に架かる橋の爆破計画など、国連軍の最高司令官となったダグラス・マッカーサーが進言する勝つための作戦はことごとく本国アメリカから却下されたのです。

しかも国連軍の作戦情報はアメリカからイギリス、ソ連、インド経由で中共軍と北朝鮮軍に流れていました。

マッカーサーは回想録の中で、「ワシントンでは特に英国の影響力が非常に強く働いている」という内容を記していますが、ここでいう英国とはロンドン・シティを思い浮かべればより実態が明らかになるでしょう。ウォールストリートやシティなどの国際金融家は国境もまたぎDSとして各国政府に影響を与えているのです。

朝鮮戦争はワシントン、イギリス（シティ）、ソ連が結託して演出した戦争だったということができます。トルーマン大統領は戦争に三年も費やしておきながら勝とうとしなかった理由がこれでわかります。

そして、ベトナム戦争もまた「勝とうとしなかった」戦争でした。

アメリカが北爆を開始した一九六五年から約八年間を費やし、最盛時には五〇万人のアメリカ兵がベトナムに送り込まれたにもかかわらず、アメリカは敗北しました。

アメリカがベトナムから完全撤退するのは一九七三年ですが、その後一九七五年にベトナムを統一することになる北ベトナム共産主義政権は、軍事力・経済力とあらゆる点でアメリカに勝てる要素はありません。

この戦争でも米ソは結託します。ベトナム戦争がもっとも激しさを増した一九六六年、ジョンソン米大統領は敵・北ベトナムの後ろ盾であるソ連への大々的な経済援助を開始するのです。

アメリカはソ連をはじめとする東欧諸国に貿易の最恵国待遇を与え、三〇〇億ドルを融資。ソ連側はこの資金を使ってアメリカから「非戦略物資」を輸入する、というのがそのプランです。

「非戦略物資」というのは建前で、内容は石油、航空機部品、レーダー、コンピューター、トラック車両など実質戦略物資にあたるものも購入できました。

つまり、アメリカはソ連に金を貸し、ソ連はその金でアメリカから戦争物資を買う。そしてソ連はアメリカから買った戦争物資を北ベトナムへ送り、北ベトナムはこれらの物資をアメリカによって破壊された施設や武器の修復に使い、南ベトナム解放民族戦線の武装強化に使いました。

つまり、アメリカは自国の兵を殺傷するために敵側に資金を提供していたようなものです。

ベトナム戦争の結果、アメリカ国内は分裂します。帰還兵は英雄ではなく、アメリカの名誉を傷つけた忌むべき存在のようにアメリカ社会の一部で扱われます。経済は停滞し、治安は乱れた。

またこの戦争はアメリカを巨大な麻薬市場にする契機ともなりました。なぜなら毛沢東が雲南省でのケシ栽培を認め、アヘンをベトナムに流して米兵士の戦意を喪失させたからです。

中国にとって見れば、アヘン戦争（1840－1842）の意趣返しととれなくもない。いずれにせよ、麻薬によりアメリカ人の倫理観を破壊しました。

しかし伝えたいのはその先です。

アメリカ国家が弱体化する半面、戦争により大もうけした勢力もあったということです。三〇〇億ドルもの「非戦略物資」をソ連に輸出できた企業や戦争をビジネスにする軍産複合体です。

また、「ネオコン＝ネオコンサバティブ」と呼ばれる勢力が台頭してくるのもこの時期です。第一章で見たとおり、冷戦後、ソ連が崩壊しアメリカが疲弊するなかで介入主義者のネオコンは湾岸戦争を皮切りに中東での戦争を立て続けに仕掛け、同時に対ロシア強硬外交を展開したのです。

一点、重要な補足をします。暗殺されたケネディ大統領がベトナムから手を引こうとしていた事実です。

これはネオコンの対ソ強硬外交とは真っ向からぶつかります。

しかし、一九六三年一一月に暗殺されたため、大統領を引き継いだジョンソンによってアメリカは本格的にベトナム戦争にのめり込んでいったのです。

アメリカの歴史学会が極左化した理由

モーガン　なるほど、このように冷戦時代を一気に眺めると、ロシアにプーチン大統領が誕生し、アメリカにトランプ大統領が出現するのが必然のように見えます。

ネオコンやグローバリストはアメリカのパワーを利用し戦争を拡大することで大もうけしている。

疲弊したアメリカ国内の政治状況に目を向けると、ベトナム戦争と軌を一にして、六〇年代以降、左翼が席巻します。ニュー・レフトの登場で、アメリカの反日度がさらに高まるのです。

ここで、なぜアメリカの歴史学会が政治的に極左に偏向し反日的なのかを読者の皆さんに説明させていただきます。

一九六八年、アメリカの左翼の過激化に大きな影響をあたえる変化が歴史学会のなかで起きました。アメリカの歴史を捏造したことで有名なハワード・ジンと、もう一人の共産主義シンパで日本史を専門にするジョン・ダワーが、アメリカ歴史学会（The American Historical Association）の会長ジョン・キング・フェアバンク（１９０７－１９９１）と会議で争い合ったのです。

ベトナム戦争に反対したり政治に干渉したりするジンとダワーに対して、政治と学問を峻別すべきで政治的発言は歴史学者に相応しくないというフェアバンク会長の議論が紛糾。ジンが発言をしている会長のマイクを奪うなど、会議は物別れになりました。

その後、ダワーはアジアを研究する他の極左教授と新しい組織「憂慮するアジア学者の委員会」を立ち上げ、政治的発言を積極的にするようになります。

この会の立ち上げメンバーは、ハーバート・ビックス、ブルース・カミングス、マーク・セルデンなど、いずれも反日過激派の中枢人物たち。ほどなく歴史学会を牛耳るようになります。アメリカの歴史学会が政治的なのはこれが原因です。

もう一つ大きな流れの変化がありました。

それは「文化マルクス主義」が生まれたことです。社会を「資本家」と「労働者」という「階級」に分け、前者が後者を打倒する階級闘争によって革命を起こすというマルクス・レーニン主義が第一次大戦以降、実現することがなかったため崩壊。その代替として「階級」ではなく「文化」全体を打倒の対象と拡大したのが新しいマルクス主義である文化マルクス主義です。

文化マルクス主義者は世界でも独特な文化を持つ日本を目の敵《かたき》にしました。したがって、今のアメリカで反日を主張している教授はこれまでのマルクス主義者とは違い、日本の社会、日本の文明そのものを攻撃しているのです。

アメリカの大学の過激化、文化マルクス主義化の過程を知るためには、ウィスコンシン州立大学を拠点にしていた『ラディカル・アメリカ（Radical America）』という雑誌の歴史を見れば明らかになります。

軍事的フェミニズムという反日

モーガン　一九六六年に創刊されて以来『ラディカル・アメリカ』は過激化し、グラムシが望んでいたように文化のあらゆる側面でアメリカ社会を攻撃しました。たとえばグラムシに憧れていたフランスのマルクス主義者ルイ・アルチュセール（1918‐1990）を特集する号や、黒人のラディカル化を目指す号もあります。しかし、特に重要なのはフェミニズムとの結びつきです。

一九七〇年代に入ると『ラディカル・アメリカ』でフェミニズムが頻繁に取り上げられるようになりました。

このラディカルとフェミニズムとの結合が現在のアメリカ学界の反日を燃え上がらせるガソリンとなったのです。今日のアメリカ学界のなかで一番熱心に反日を唱えているグループは明らかにフェミニストです。

フェミニストたちは日本は「反女性的社会だ」との抜きがたい固定観念をいだいています。なぜなら、文化マルクス主義の目的は、家族の構造を壊して社会全体を破壊することにあるからです。

日本ではまだ男女の役割がはっきり区別されていて、フェミニズムが目指す「女尊男卑」がなかなか芽生えてこないことにアメリカのフェミニストたちはいらだっている。

ハーバード・ロー・スクール教授のJ・マーク・ラムザイヤー先生が慰安婦問題について書いた論文を一番激しく糾弾し、糾弾を呼びかけているのもアメリカのフェミニストです。

私が入手した資料でよくわかるのは、反日ネットワークとフェミニストネットワークは、かなり一致するということです。

アメリカの左派が帝国化に反対するオールド・レフトからベトナム戦争に反対するニュー・レフトとなり、さらにグラムシの文化破壊におよぶニュー・レフトへと過激さを増しています。今日の反日学者はそのようなアメリカ国内で教育を受けてきています。

その移行に大きく携わったのは、前述のラディカル化したジョン・ダワーと、極左化したウィスコンシン州立大学です。

ダワーは、一九七一年から一九八五年までウィスコンシン州立大学の教授でした。

同大学でダワー教授は、後に私の指導教授になるルイーズ・ヤングを教えていました。ヤングの発言によると、ダワーの授業を受けて日本を専門に研究しようと思うようになったといいます。

ヤングは、非常にラディカルな家庭から出た人物です。彼女のお母さんはウィスコンシンの政治家（民主党のラディカル派）で、フェミニストとしていまだに名をはせている。ヤングは、そのフェミニズムと、ダワーという共産主義シンパから学んでいるのです。

彼女はウィスコンシン州立大学を卒業してからコロンビア大学大学院へ行きます。コロンビア大学でヤングは、キャロル・グラックというもう一人のラディカルなフェミニスト、反日の中心的人物の弟子になります。このグラックほど、現在のアメリカ国内の反日の基盤づくりに貢献した人物はおそらくいないでしょう。

グラックの弟子は「グラックリング」といわれて、アメリカの各大学で反日ネットワークを日々拡大しています。この反日ネットワークは、アメリカの左派のグラムシ化の延長線上で発展し、日本の左派、韓国の左派、ヨーロッパの左派とも深く関わっています。

グラック、ダワー、ヤングなどに見えるのは、アメリカの左派が長年展開してきた分裂プロセスの結果です。

オールド・レフトはアメリカの軍事化、帝国化に反対していましたが、ヤングなど今のアメリカの反日左派集団は、アメリカの軍隊を高く評価しています。

なぜなら、アメリカの軍隊は、日本という「反女性的社会」を破壊し、進歩的な憲法を押し付けてくれたからです。

ヤングのヒロインの一人は、まさにアメリカの占領軍のあっせんで日本の赤化に大きく関わったベアテ・シロタ・ゴードン（１９２３‐２０１２）です。

アメリカの反日フェミニストは、アメリカの軍隊の力で嫌いな日本の社会を壊してくれたことに感謝しているのです。日本は、女性を圧迫する社会だから、アメリカの軍隊の力を使って日本という国を改善しなければならない、まるでハミルトンの精神をそのまま汲んでいるかのようです。

アメリカの帝国化に反対していた、昔のアメリカのオールド・レフトと違って、アメリカの帝国化をうまく利用して、あらゆる社会をアメリカの左派の理想どおりにしなければならないという危ない使命感を持っています。

「軍事的フェミニズム」は、アメリカでは比喩、皮肉として言われることが多いのですが、反日過激フェミニストの場合、まさにこの言葉どおりの存在なのです。

反日反米のニュー・レフト

馬渕　「ニュー・レフト」の登場は、反日だけではなく反米でもあります。それにはフランクフルト学派が大きく関わっていますね。

モーガン　アメリカ国内の主要大学には、共産主義者と文化マルクス主義者が次々に潜入して、アメリカの教育を全面的に変えようと画策していました。

文化マルクス主義と同様に、文化をマルクス主義の戦場として見ているフランクフルト学派が特に有力でした。

その代表格が、ドイツ人マルクス主義者ヘルベルト・マルクーゼ（1898‐1979）やマックス・ホルクハイマー（1895‐1973）、エーリヒ・フロム（1900‐1980）などです。

フランクフルト学派が取り組んでいるプロジェクトは、西洋の「ブルジョア文化」

が腐敗していてマルクス主義革命による「解放」を妨げているとし、その「ブルジョア文化」を破壊することにより革命の支度をすることにあります。

ただ冷戦期はソ連と対立していたため、フランクフルト学派のメンバーは表向きマルクス主義者であることを隠していました。下手をすると大学を追いだされる可能性もあったので、わからないよう徐々に大学を赤く染めていったのです。

たとえばマルクーゼが『純粋寛容批判』(せりか書房)を出版した一九六八年以後、「批判理論」が唱えられてきました。

マルクーゼのテーゼを簡単に言えば、人間の「解放」のためにできるだけ右翼を押し潰して、左翼にだけ「寛容」であるべきだということです。

日本でも寛容をいいながら「ネトウヨ」や「ヘイト」認定した相手には言論さえ封じようとする傾向がリベラルにありますが、それはマルクーゼのテーゼから来ているのです。

また、マルクーゼは「解放に関するエッセー」において、革命の必要を主張します。なかでも注目すべき点は、アメリカ社会では黒人もその革命の最先端に立たなければならない、と書いていることです。

アメリカのロー・スクールにたむろするマルクス主義者たちは、アメリカの法律そのものが人種差別主義だと洗脳するために、マルクーゼが発明した「批判理論」を「批判的人種理論」に発展させ、学生からの支持を得ました。

一九七〇年代になると、ハーバード大学のデリック・ベル（1930‐2011）教授が批判的人種理論の展開を牽引し、アメリカ法曹のなかから黒人囚人を使って革命を起こそうとした動きもありました。

昨今よく耳にする「白人特権」というスローガンも、文化マルクス主義者が発明したものです。ベルの弟子ノエル・イグナチエヴ（1940‐2019）が一九六七年に「白い肌の特権」という概念を発明し、人種問題を武器化しています。

保守系シンクタンクであるヘリテージ財団のシニア・フェロー、マイク・ゴンザレス氏は、二〇二〇年に繰り返された「1619年プロジェクトの暴動」などの責任の大半は、文化マルクス主義に魂を売っている大学教授に帰すると主張しています。

とりわけ、デリック・ベルの責任が大きいと。ゴンザレス氏はベル教授が一九九五年に発表したエッセーを抜粋して、「ある文化を革命化する作業は、その文化のラディカル的な批評から始まる」と書き、ベルが主張している批判的人種理論と二〇二〇年の暴動との関係を強調します。

馬渕　私もモーガンさんの論文(「アメリカにおける歴史認識と暴力的革命との繋がり」『歴史認識問題研究』第8号)で詳しく認識したのですが、「1619年プロジェクト」というのは、アメリカの建国を独立宣言が発せられた一七七六年ではなく、ジェイムズタウンに初めて奴隷が連れてこられた一六一九年を真のアメリカ合衆国の建国とみなすことでアメリカの歴史の再構築を目指すものですね。

つまり、歴史教科書から白人をなるべく消そうという反米運動。

その影響で二〇二〇年には暴動が巻き起こり、奴隷を持っていた白人男性であるトマス・ジェファーソンやジョージ・ワシントン、アンドリュー・ジャクソンといった大統領や南北戦争のさいに南部の将軍であったトーマス・ジョナサン・ジャクソンの銅像が破壊されました。

狙うは男性の絶滅

モーガン　批判的人種理論の拠点となっているのがウィスコンシン州であり、ウィスコンシン州立大学。歴史学部だけでなく、フェミニズム、ジェンダー学などでも非常に有名です。ジェンダー学の聖地は、ウィスコンシン州立大学です。

もともとフェミズムはアメリカの理想を実現するために、女性も投票権を持たなければならない、というところから始まったものですが、一九六〇年代以降、共産主義に乗っ取られたのです。

アメリカの理想のためではなく、「女性を搾取しているアメリカという悪質な国を滅ぼす」という方向に転換したのです。マルクス主義のフェミニストは、「Smash the patriarchy!（家長制度、男性社会を叩け！）」とよく絶叫するのですが、その意味はフランクフルト学派のアドルノから来ています。

アドルノは、アメリカ社会のなかのファシズムの傾向を批判していました。アメリカの社会は権威主義的社会で、男性は家族の独裁者になりがちだというアドルノの主張を引き受けて、フェミニストはアメリカが家長社会であり男性社会だと批判します。これが今のアメリカのジェンダー学の主流になっています。

左翼フェミニズムの本質と反米歴史観の関係をよく説明する本として重要なのが『ジェーンの物語』（ローラ・カプラン）。六〇年代半ばからシカゴで違法中絶を提供した取り組みについて書いた一冊ですが、題名の「ジェーン」とは、実は中絶を提供するグループのあだ名です。著者はそのグループの一員だった女性で、自分の経験と他のメンバーの回想によって中絶制度の実態を暴いています。

中絶を広める「ジェーン」という運動は、最初に「クレア」と名乗る女性がシカゴで貧乏な女性に中絶を出来るだけ低コストで提供しようとしたことから始まります。しかし、この「クレア」の本名はヘザー・ブースといい、ブースはベトナム戦争への抗議活動をきっかけに、中絶を使ってフェミニズムの極左化に邁進します。ブースと「ジェーン」の主張は、妊娠とは女性への迫害であり、赤ん坊を中絶することにより男性を排除し、自分の人生を自分だけでコントロールするというものです。つまり、究極的には男性の絶滅がフェミニストの目指す目標になっているのです。

フェミニストの目から見ると、アメリカ史および世界史は、男性の女性に対する弾圧の歴史にほかなりません。馬鹿げています。

馬渕　男性がいなくなったら子供がつくれなくなって女性もいなくなる。要するに対立を煽って社会と家族を破壊できればいいのでしょう。それにしてもアメリカは行きすぎていますね。

国連という反日勢力

馬渕　日本人がいまだに大きな幻想を抱いているのが国連です。国同士の争いを仲裁する平和的な国際機関だと信じ込んでいますが、国連本部や国連諸機関は、グローバリズムの普遍的価値を加盟国に押し付け、主権を侵害するための組織でしかない。

近年では、その国連が中心となって推進する「ＳＤＧｓ（持続可能な開発目標〔Sustainable Development Goals〕）」にすっかり騙されている日本人が多い。

モーガンさんが『月刊ＷｉＬＬ』２０２１年12月号（ワック）に書かれた「国連がふりまくＳＤＧｓに仕込まれた猛毒」は国連の問題点と、ＳＤＧｓの本質に迫る文章です。〝ＳＤＧｓというトロイアの木馬を安易に日本国内に受け入れるべきではない〟と警告されています。

モーガン　馬渕先生は先刻ご承知ですが、国連がなぜＳＤＧｓを推進しているかというと、国民がこれに従ってくれれば、グローバル・エリートによる支配が簡単になるからです。

そもそもＳＤＧｓを推進しても地球を発展させることにはつながりません。現に長年にわたって「国連の正体」を報道しているアメリカの保守系雑誌「ニュー・アメリカン」によれば、ＳＤＧｓは「持続可能な発展」とは関係ないと結論づけています。

同紙は、二〇一二年六月にブラジルのリオデジャネイロで開かれた「リオ＋２」（各国首脳が今後十年の経済・社会・環境のあり方を議論する場）の本当の目標は「全世界の社会主義化」だと報じましたが、そのとおりです。

ＳＤＧｓは社会主義導入のためのカラクリに過ぎないのですが、実にちょうど良く、「（Ｓ）社会主義（Ｄ）導入（Ｇ）ギミック〈策略〉（Socialism Debut Gimmick）」と言い換えられます

ＳＤＧｓの前身が「ミレニアム開発目標」（二〇〇〇年）であり、さらにその前身である「アジェンダ21」（一九九二年）の一環であるからです。アジェンダ21は、貧困の撲滅や環境汚染対策など、将来への持続可能な文明を実現するために、国連が人類を中央管理する「グローバル社会」の未来が描かれています。まさに〝グローバリズムの聖書〟と言ってもおかしくありません。

ＳＤＧｓには教育目標がうたわれており、国連教育科学文化機関（ユネスコ）は、二〇〇五年から「ＳＤＧｓのための教育」を一年間おこないました。

具体的には、国家の主権、私有財産、言論の自由などをなくしていく教育であり、まさに社会主義者がずっと狙ってきた目標です。

各国の主権が終わり、皇室の滅亡、家族の崩壊、天賦人権の取り消しなど、「社会主義」と言わずに、今日はＳＤＧｓという隠れみのの下で進められているのです。

そもそも国連は、世界中の国々が地球問題を解決する場として創立されたわけではありません。

第二次世界大戦中に、アメリカとソ連が共に見ていた「グローバル支配」という夢を実現するための拠点、日本が立ち向かった社会主義、リベラル・グローバリズムの拠点として創立されたものです。つまり、国連の遺伝子は反日なのです。だからこそ反日の巨人である中国は国連を簡単にハイジャックできた。

国連は国際的な機関とされていますが、真の権力を握っているアメリカ、ソ連、中国の存在を隠すためのびょうぶに過ぎません。日本が経済、技術、美術、文学、そして軍事（憲法に明記されていなくても日本の軍隊は優れている）の分野で優れているのに、いまだに安全保障理事会のメンバーになれていないのも、国連が日本を抑え続けているからです。

国連が目指すグローバル支配、要するにワン・ワールド・ガバメント（世界統一政府）の実現のためには、自由と民主主義を強調する日本が邪魔であり、それはドイツ、人権をうるさく主張するアメリカの一般市民、世界中で社会主義を懸念する人々も同じなのです。そういった人たちにグローバリズム・社会主義で上から抑えつければ人々は反発するため、ＳＤＧｓを利用したのです。

社会主義者、共産主義者、そしてアメリカのリベラル系帝国主義者（代表する存在が人種差別者ウッドロー・ウイルソン大統領、そして日本を滅ぼそうとしたフランクリン・ルーズベルト大統領）がずっと想像していた「社会主義による世界支配」の実現のため、いま全世界が協力しているのです。国連が「日本の敵」だという結論は陰謀論ではありません。

馬渕　まさにおっしゃるとおりです。トランプ大統領は早々に国連を脱退するでしょう。日本もいい加減に目を覚ますべきです。

第三章

グローバリストのプロパガンダ

人の精神も支配する「世界統一思想」

馬渕　モーガンさんはご著書『バチカンの狂気　「赤い権力」と手を結ぶキリスト教』（ビジネス社）をお書きになっています。モーガンさんご自身がカトリックですが、バチカンがいかに腐敗しているか痛烈に批判しておられる。

また、『日本が好きだから言わせてもらいます　グローバリストは日米の敵』（モラロジー道徳教育財団）では、グローバリストが日米共通の敵だとおっしゃっていますね。ところが、その「グローバリズム」について、私たちはわかっているようでわかっていません。グローバリズムはさまざまなところで議論されてはいますが、定義が不明確で、突然グローバル社会の問題に飛躍したりする。

そこでまず私流にいえば、グローバリズムとは「世界統一思想」だということです。このイデオロギーは世界史に一貫して流れていて、時にはそれが共産主義であったり、近年では新自由主義、そしてずっとさかのぼればカトリックであったりと衣を替えますが、脈々と続いてきている。

もしかするとその歴史はカトリック以前、たとえばローマ帝国の時代にまでさかのぼれるかもしれません。現にローマが世界統一を目指した歴史はあるわけです。

世界史的な流れも含めて、グローバリズムに詳しいモーガンさんに、モーガンさん流のグローバリズムとは何か、あるいはグローバリストはなぜ日米共同の敵なのか、教えていただきたいと思います。


モーガン　私が子供のころは、まだ世界は多様性に富んでいて、「世界＝多様性」という常識がありました。人それぞれ意見や思想を持っていて、善悪で裁くのではなく、多様な意見を持っているのが人間であると寛容な社会でした。

いま馬渕先生がお話しになったようにグローバリズムというのは世界を統一する思想、または世界を単一にする思想で、その本性を隠すために近年になって正反対の「多様性」を宣伝するようになりました。

しかしいざフタを開けてみれば、全地球がアメリカ一色に塗り潰されています。世界統一思想が衣を替えながら続いていたというのはまったく同感です。グローバリストたちは、単に物理的に人を支配するだけではなくて、人々の心や感情までも支配しようとしています。つまり、全世界を同じ思想パターンに統一しようとすることがグローバリズムなのです。

共産主義や新自由主義というのは仮面にすぎず、彼らはその国の状況に合わせてイデオロギーを選びます。

グローバリズムとは、人々の人間性を否定する半分悪魔になったような存在が、我々から心を奪い家畜化することにより支配する仕組みだと思っております。

グローバリズムは人間を見下す思想です。

そして私の故郷と大好きな日本を支配しているのはグローバリストたちです。上位数パーセントの彼らは私たちを本当の意味で〝家畜〟だと思っています。

しかしそのような人間性を否定する思想はおそらく人類史が始まった当初からあったものでしょう。

日本人には理解し難い「悪魔」という存在

馬渕　グローバリズムが世界統一思想であり、時代によってイデオロギーの仮面は替わるものの人間を家畜として支配し見下しているというのは見解の一致をみたと思いますが、モーガンさんにとって「悪魔」とはどういう存在なのか。日本人が考える「悪魔」とはニュアンスが異なると思いますので、解説をしていただけますか。

モーガン　簡単に申し上げますと、「悪魔」というのは「人間の本性を善ではなく、悪だとして人間性を否定する存在」をいいます。

人間という存在は、誰でも善と悪の両方の可能性を持っていますが、そもそも人間は善であると私は考えます。ですから政府が我々を監視していなくても、私たちは多くの場合、善い選択をする。いわゆる孟子の「性善説」です。

それと異なり、グローバリストは人間の存在を悪だと捉えている。なぜなら自分たちが悪だからです。

私たちはただの物質的な存在ではありません。霊的な存在でもあるわけです。その霊的存在を完全に否定する輩がグローバリストであり、それを悪魔と捉えています。

馬渕　なるほど。日本人にはキリスト教のことがよくわからない人が多いので初歩的な質問をさせていただきたいのですが、「原罪説」がありますね。つまり、「人は生まれながらに罪を背負った存在」だとする教義ですが、これは本来のカトリックの教えであるはずがないのではないかと思うのです。

というのも、カトリックの原罪説は、パウロ（前10年ころ～65年ころ）が伝えたとされますが、パウロ以前はどうだったのか。確かにアダムとイブが悪魔にそそのかされて、知恵の実を食べて、それが罪だということになっているようですけれども、その一方で、本来神様は人間を善きものとして造られたという教えもあるわけです。

ギリシャ正教やロシア正教がそうで、善きものとして造られたはずの人間が最初から罪を負った存在であるというのはおかしいのではないかと素人的には思うのです。カトリックの教義からすれば、パウロがいうように我々は皆罪人だということでしょうか？　そこをぜひご教示願いたいです。

「原罪説」が生まれた理由

モーガン　原罪説は非常に重要なポイントです。

おっしゃるとおり、聖書の中では、人類の歴史はどこから始まるかというと、アダムとイブから始まり、蛇に「この果物を食べれば神様のような存在になるぞ」とそそのかされたふたりが食べたことがもともとの罪である、というものです。

これは最近たどり着いた自説ですが、西洋の人たちは自分が神になろうとする、つまり神をも畏《おそ》れぬ傲岸不遜な傾向が強いから、それを抑えるために原罪説が生まれたのではないか。つまり、「あなたは神ではない」ということを、西洋や、それから中東の人々には徹底的に諭《さと》す必要があった。

これは日本人の文明・文化とは大きく違います。

日本に来て、原罪説のない社会のなかに生きている影響で、私の考えも大きく変わってきました。原罪説は我々が罪人であると教えます。つまり罪を犯す傾向がある。だからこそ救いが必要であると。これは仏教でいうところの「他力」です。

馬渕　「他力とは本願力なり」の親鸞ですね。他力、すなわち仏の慈悲の力により一切衆生を救済する仏の願いを指しますね。

モーガン　そうです。しかし、プロテスタントの考えでいくと、私たち人間は悪にすぎない。ルターは人間をただの糞だと言った。人間観が非常に極端で、バランスがまったくとられていない。

日本では人間は神でも動物でもない、特別な存在です。それが常識ですけれども、西洋ではそのような考えは自然に出てきません。原罪説が人間のプライドを抑えているのです。

それを奔放させればグローバリストになるわけです。つまり、自らが神になるわけで、ダボス会議の連中を見ると、自分たちが神の王座に座っているかのような態度をしています。

馬渕　それは非常に面白いご指摘で、私もちょっと意外な感じがしたんですが、つまり、神になることは悪いことだということでしょうか？

モーガン　私がここでいっている「神」と馬渕先生がおっしゃっている「神」とは違うものかと思います。私がいう神とは、天地を創造した創造神のことです。

馬渕　モーガンさんがおっしゃった神は絶対神、「ＧＯＤ」のことですね。日本の場合はＧＯＤではなく神々です。日本の神々は訳しようがない存在だと思うのですが、彼我の神というものに対する概念が違ってくる。

非常に重要なことをおっしゃってくださっているのですが、そうなるとグローバリストの観念も微妙に違ってくるでしょう。

つまり、ＧＯＤになることは悪いことである。だからＧＯＤの如く人間を支配するグローバリストは悪魔であるという発想が出てくる。

日本の場合、森羅万象の八百万の神々であり、日本人は神々の子孫である。つまり日本の神と西洋のＧＯＤは全然別物なので、日本人と西洋人のグローバリズム観、グローバリスト観自体がまったく違ってくる可能性があるわけです。

モーガンさんが日本人の識者とグローバリズムの議論をしておられて、違和感を抱いたことや発想が違うなと感じられたことが具体的にあれば教えてほしいのですが。

日米戦争は神々とＧＯＤの戦い

モーガン　日本に来てからいろんな方々とディベートをさせていただきましたが、グローバリスト、グローバリズムに関する考え方が、正直なところ〝甘い〟方が多い気がします。

たとえば日米戦争です。この戦争自体が神々とＧＯＤの戦いだという認識がないように見受けられます。すなわち神学的な戦争だということです。自分たちをＧＯＤであると自負するワシントンからすると、日本の神々ほど恐ろしい存在はない。だから原爆投下をし、空爆をした。

ですからＧＯＤのことがわからないと西洋の恐ろしさもわかりません。

二五年前に日本に来てこのかた、毎日が勉強になっています。西洋のニュースは本当に暗くて残虐なものが多い。実際日本人には想像もできないような残酷なことを行なう腹黒い人たちがうじゃうじゃいるのです。

そのような西洋社会のことを日本人はあまり理解せず美化さえしています。グローバリズムについても、自由貿易とかグローバル企業といったレベルでディベートをする人が多い。

そんな議論に加わると「いや、あなたは本当の西洋の腹黒さをわかってますか」と思ってしまう。

繰り返しますが、世界の基準とかグローバルスタンダードの裏には、各国固有の文化を破壊したいという動機がある。

読者の皆さん、ヨーロッパ人とアメリカ人の五〇〇年間の歴史をご覧になってください。いつも同じパターンであることがわかるはずです。異国に行って皆殺しをして破壊した後に定住する。

異なる人たち、異なる文化をさんざん破壊し、後になってから「多様性」を唱える。北アメリカでも南アメリカでもベトナムでも、そして当の日本がその典型例ではありませんか。日本は大空襲され、原爆を投下され、文化を破壊された。

先日かっぱ巻きの発祥だという八幡鮨に行きました。四代目の店主が言うには、かっぱ巻きが生まれたのは、ＧＨＱ（連合国軍最高司令官総司令部）がすし屋を潰すような条例を出したことに原因があるそうです。

寿司ネタが入らないようにして日本国民の大好きな食文化の破壊をもくろんだ。そうしたなかで、それでもお客様にお寿司を出したいと考え出されたのが、キュウリを具材にしてのりで巻いたかっぱ巻きだったというのです。

グローバリズムは文化の力を弱体化させ、支配しやすくする。

まさに今の日本がそのような状況に陥ってる。教科書では神話を教えず、歴史は自虐史観、首相の靖国神社への参拝も禁止。私には完全にグローバリストがこの国を支配しているように見えるのに、それに気づいていない言論人があまりにも多い。

グローバリストと本気で戦っていない

馬渕　なるほど、確かに神学的な観点で大東亜戦争を捉えるという発想が日本人にはありません。私もかっぱ巻きの話など思いもよらなかったし、我々はあまりにも当然のごとく日々の生活を送っているものですから、なぜこうなったのかの追及に乏しいようです。

簡単に言えば日本のエスタブリッシュメント＝破壊主義者というところまで来てしまったということですね。これは私が思っている以上に日本は悲観的な状況にあるというご指摘だと思います。

つまり、私はこれまでグローバリストと戦わなければならないと書いてきましたが、モーガンさんはさらに踏み込んで事実上大半の日本のエリートがグローバリストであるとおっしゃる。そして反グローバリズムを唱える勢力や言論人すらも信用できないと見ておられる。どのような点でそうお気づきになったのですか？

モーガン　私はアメリカ南部のルイジアナで生まれ、その後テネシーやアラバマといった貧しい州で育ちました。そのため、アメリカ人というよりも、ルイジアナの人間であるという意識が強い。だからかもしれませんが、日本に来て徐々に日本と南部は同じだということに気づくようになりました。

北部の連中を「ヤンキー」と呼びますが、ヤンキーは言い換えればグローバリストで、国をもっていない連中です。彼らはアメリカ合衆国を概念的に〝例外的〟な国だと思っており、実際、そう宣伝しております。

スターリンは、「アメリカは特別だと思っている」と怒ったことがありますが、北部の連中は自分たちは例外的な国であり、イスラエルのように選ばれた民族であるというような「選民思想」を持っている。

しかし私たち南部の人間はアメリカ例外主義を否定しました。我々の土地は他国と変わらないし、我々は罪人であると考えています。

南北戦争によってヤンキーたちは我々の文化をぶっ壊し、我々を洗脳して、南部が一方的に悪かったというプロパガンダを繰り返しました。それとまったく同じことが日本で行なわれたのです。

そこに気づくと、日本で反グローバリストを自任する人たちの戦い方が本気でないことが見えてきました。

南北戦争で私の州を占領した独裁者はフィリップ・シェリダンですが、南部の人間であれば在日米軍のようにいつまでも自分たちの土地にとどまり続けることなど絶対に許しません。

先日、青山繁晴氏の著書を読んだのですが、本文中に米軍の人とのツーショット写真が掲載されていました。自国を蹂躙し、いまだに占領し続けている軍人と撮ったツーショット写真を載せることなど保守ならありえません。

親米保守は中国やロシアの脅威を説き、日米同盟の強化を謳いますが、戦後八〇年も占領している敵国の脅威に警鐘を鳴らさないのであれば、これは視野狭窄に陥っているかダブルスタンダードです。

本当にグローバリストに対して体を張って戦われているのは馬渕先生ほか数名だと思います。戦っているように見せかけて裏で協力しているというのが日本の大概の指導者です。

日本と南部の共通点

馬渕　私自身が恥ずかしくなるようなお言葉です。どうしても日本人には疎いポイントになるので、確認しておきたいのですが、南北戦争の絡みで南部と日本の類似性に言及されました。ヤンキーというのは国のない人々のことだとおっしゃいましたが、今のアメリカの左翼勢力、あるいは共産主義者といってもいいですが、アメリカを牛耳っている連中はヤンキーだということですね。

するとと今はアメリカ南部にヤンキーはいませんか?

モーガン　残念ながら南部にもヤンキーはいっぱいいます。ワシントンと協力している政治家も多い。

馬渕　たとえばフロリダ州知事のロン・デサンティスがそうですか?　彼は大統領選から早々に撤退しましたけれども。それからテキサス州知事のグレッグ・アボット。メキシコからの不法移民に関してワシントン政府と対立していますが?

モーガン　「不法移民」というのをよく考えれば、それは侵略者にほかなりません。バイデン政権がアメリカを破壊するために利用した政治的なコマです。テキサスの知事は「移民をニューヨークに送る」といいましたが、違います、メキシコに送ればいい。彼らは単なる〝フェイク保守〟。国のために戦っているのではなく、見せかけのただのパフォーマンスにすぎないと思っております。

馬渕　モーガンさんからすれば、アボットさんのやり方は、反グローバリストのやり方ではないということですね。私自身はグローバリストをかなり狭い定義で捉えていたので、今あらためて視野の広がった気がします。ただ南部と日本の類似性のなかで今一つよくわからなかったのが、両者は反グローバリストだから似ているということでしょうか？

モーガン　まずグローバリストとの戦争に負けた経験があるというのが大きな類似点です。それから南部の人たちは、この世の中は神秘的なことが多いと考えます。

ですから外国に行くと、その国の信仰や宗教を尊敬しなければならないというのが常識です。

現に私は靖国神社をはじめいろんなお寺や神社を見学させていただいていますが、まったく抵抗感がありません。こういうところも南部と日本は似ています。

ところが北部の友達になると、京都の東本願寺に連れていっても三分で帰りたいといいます。「こんな仏陀は悪魔だ」と怒るのです。

相手の宗教を悪魔と決めつけ、自分の信じているものだけが正しく全世界もそうでなければならないと押しつける。そのような特徴がグローバリストにはあります。

三権分立は〝悪〟が前提

馬渕　より広く簡単にいうと、グローバリストというのは自分の考えを押し通そうとしている人たちですね。

モーガン　それはとてもわかりやすいです。正義を振りかざし他人を排除する「キャンセルカルチャー」もまさにそうで、自分の意見が絶対で、押し通そうとする傾向が強いです。

西洋、特にアメリカでは、自分とは相容れないとなると、相手の発言のみならず、その人を職場や学校から追放したり、社会的に抹消したりすることは、決して稀なことではありません。

このような現象を表し、「キャンセルカルチャー」という新しい言葉ができたほど、アメリカでは「言論の自由」の権利を侵害し、意見が違えばその相手の存在を消去するということが繰り返し起きているのです。

その点、日本に来て気づくのは本当におとなしい方々が多いことです。意見が違えば「なるほど」と相づちを打って、それですむ。自分の意見が絶対と思っている方はむしろ少ない。

アメリカでは絶対にそうはならない。おれの意見が絶対だとバトルはエンドレスになります（笑）。

馬渕　それはよくわかります。私がアメリカに勤務しているときに子供を小学校に通わせていたのですけれど、毎日教えられるのは、「あなたは人とは違う」ということ。そこから始まるのですが、それは〝自我〟を育てるだけで、いい教育とは思いませんでした。

日本人なら私と同じような感情を持つ方は少なくないと思うのですが、今のお話だと、アメリカ人には通用しない。アメリカ人だけじゃなくてキリスト教徒には通用しない、ということですね。

モーガンさんにそう言い切られると、私はちょっと残念な気がしないでもないんですけれど。結局、グローバリストというのは自分の宗教観を貫く。それが悪魔だということになるのですね。

すると悪魔との戦いというのは、もう永遠になくならないというような悲観的な気分にさえ陥るのですが……。

モーガン　馬渕先生が常におっしゃっておられる「日本は世界の希望だ」というのは私も同感です。西洋の司法、立法、行政の三権分立に対して、日本では権力と権威がわかれていて、権威の中心に天皇陛下がおられるという仕組み。

洋の東西を問わず、人間であれば皆このような理想を望んでいるのではないかと思うのですが、西洋ではバラバラになって永遠のバトルになるのです。

三権分立という仕組みも、まさに悪が前提で、権力を三つに分けて互いに戦わせることで抑えつけるという発想。アメリカ四代目大統領のジェームズ・マディソンの書いたものを読んでもそうです。

でも、本来人間は和の状態を望んでいるので、私も日本は世界の希望になりえると思っています。

馬渕　モーガンさんにとっても日本は希望なのですね。さきほど、北部のお友達に「こんな仏陀は悪魔だ」と言われたエピソードですが、自身の信仰と異国の宗教観に違いを感じることは当然です。

仏陀とキリストが「宗教者として違う」ということならわかるのですが、どうして「悪魔」になるのか。ここが日本人にはわからないのです。

神の存在を〝わかっている〟つもり

モーガン　カトリックのなかにもグローバリストに取り込まれている組織もあるので、プロテスタントだけを批判する話ではないのですが、一般にプロテスタントは神の存在を〝わかっている〟と考えます。

抽象的で、普遍的で、根本的なものを追求する形而上学的な世界を認識しているつもりになっているのです。

それに対し「そのような発想はない」と反対するのがカトリックです。

私自身はできるだけ多くの人の宗教観を受け止めたいと思っております。私たちよりも偉い存在はある。イエス様がやってくださったことに感謝する。目に見えないことが多いのが現実であり、日本にもまた他の国々にも良い霊的存在がいるかもしれない。いないとは断言できないわけです。

つまり、人間ベースで考えると、日本の皇室のようにこれだけ長いスパンで人々が信仰していることが、悪いことであるはずがないと感じます。

先日、ＮＨＫで比叡山で千日回峰行を行った行者のドキュメンタリーを観ました。

真夜中に起きてわらじを履いて四〇キロ程度を歩くことを、一〇〇〇日間行う（実際は九七五日）。途中、五年七〇〇日の回峰行を終えると、もっとも過酷な「堂入り」が始まる。行者は入堂前に生前葬となる「生き葬式」を執り行い、無動寺明王堂で九日にわたり断食・断水・不眠・不臥の四無行を行う。

ふつうに考えれば死んでもおかしくない修行です。完了すれば「阿闍梨《あじゃり》」という称号を得られるわけですが、キリスト教とは全く関係がない千日回峰行を見て感動いたしました。とうてい悪魔のためにやっているとは思えない。仏教は素晴らしいなと。

宗教観に多様性があると考えるのは、カトリックの本来のあるべき姿ではないかと捉えています。

馬渕　本来寛容であるべきカトリックが堕落し腐敗しているとモーガンさんがお書きになられたのが、『バチカンの狂気』です。しかも堕落させているのがローマ法王その人だとご指摘されている。

モーガンさんの信じるカトリックとローマ法王の堕落したカトリック、この差はどうして生まれたとお考えですか？

モーガン　どうしてでしょう？　私にもよくわかりません。私は南部の人間なのででただ頑固なのかもしれませんが、南部と日本の影響が強いです。日本に来て、この二五年間、日本人の弟子として過ごしているので、非寛容的な私でも少しずつ日本人のような受け止め方ができるようになったのかもしれません。

馬渕　これは私の意見というよりも、知り合いの仏教関係者の方々から聞いた話をまとめたようなものですけれど、悟る方法は二つあります。

一つはいまおっしゃられた千日回峰行のような修行を重要視するやりかた。もう一つは、道元禅師がいうように只管打坐《しかんたざ》、ひたすら座禅を組めば誰でも悟れるのだという考え方です。

私であれば、道元さんのような宗教観のほうが、ピンと来ます。私に千日回峰行をやれといったって、土台できっこない。

そのように身体を痛めつけるというのも、霊的なものというか、ある境地に達するためには必要な条件かもしれませんが、そんなことをしなくても、いわゆる宗教的な悟りに達することもできるのではないかと思うのです。

これは宗教論争ということではなく、日本では誰でも仏になるという宗教観がありえます。グローバリストに言わせると悪魔ということになるのでしょうけれど、絶対神ではない日本的な神々になれる。神仏習合で、日本の仏は神であり、神も仏も同じ命であるという発想です。

そのように考える日本人の神々の概念と、ＧＯＤが存在するキリスト教とではカトリックにしてもプロテスタントにしても、受け入れられないものがあるのではないかという気がするのですが、いかがでしょう？

日本人の生命観に教えられたこと

モーガン　非常に重要なご指摘がありました。私も道元さんのことは大好きで、学んだことは山ほどあります。日本では存在そのものを尊敬する、つまり特に何もしなくていいという態度があります。

ただひたすら座禅する。座っているだけで悟りを得る。それは斬新な考え方というよりも、日本の常識ではないかと。

プライベートな話で恐縮ですけれど、私はずっと猫が嫌いでした。猫好きの方には申し訳ありませんが、本当に子供の頃から好きじゃなかった。猫が冷ややかに前足を上げても何が欲しいのかさっぱりわからない。ひざの上に乗られるとツメの痛さばかり感じます。

そんな私の結婚相手はとても猫好きな人で、今、七匹の猫と一緒に暮らしています。なぜこのような猫の話をするのかというと、亡くなった妻のお父さんは熱心な仏教の信者でした。

生前、特に仏教の話を私にしたわけではなかったのですが、お父さんがおっしゃった一言が私には忘れられません。それは「猫は猫でいい」というものです。つまり猫には猫である権利があって、私たちが猫に何かを期待するのではなくて、猫はそのままでいいのだと。

それを聞いて私の考え方が一変した、というより深く反省しました。私はずっと犬派で猫に対しても犬と同じようなリアクションを期待していました。でも、当たり前ですが犬と猫は違います。

妻のお父さんは蚊に刺されても殺しません。蚊とはそういうものだからです。

私はそれがすごいと、日本人的な考え方だなと思います。つまり、ありとあらゆる生き物にはその生き物らしい存在感がある。私たちはそれに干渉する必要はなく、そのまま受け入れればいい。

そういう考え方が道元さんではないかと思うのです。

しかし私のような西洋人には座禅だけでは難しい。何かをしていなければならないと考えてしまう。千日回峰行の阿闍梨の方が私にはフィットしているかもしれないのですが、道元さん的にただ座っているだけで誰でも悟れる。それが理想ではないかと思いますし、日本人らしい考え方であると感じています。

馬渕　最後の言葉に勇気づけられました。私たちはこのような命のつながりの中で生かされているということですね。

奥様のお父様のように蚊を殺さないというのは「やれ打つな　蝿が手をすり　足をする」と詠んだ小林一茶にも通じます。

それが仏教的な生命に対する見方だというのはとてもよくわかるのですが、モーガンさんとお話しをしてあらためて感じるのはＧＯＤの存在です。

やはり絶対神の影響を強く受けられていると思えるのです。それともＧＯＤ以外の大いなるものもお感じになられるのか？　そのあたり忌憚《きたん》のないご意見をぜひお願いします。

わからないことはわからなくていい

モーガン　そうですね。私はＧＯＤがこの宇宙を創造したことを信じています。でもそれと同時に、ソクラテスの言葉も忘れないようにしているのです。「私が知っているのは、ただ何も知らないことだけだ」ということを。つまり、私の知識はわかっていることのほんの一部にすぎません。

この大いなる宇宙を創った存在があると私は思います。ただ科学的にもまだ存在は証明されていません。誰にも言えないことです。わからない。おそらくそれが誰でも賛成できる基本的な考え方ではないでしょうか。自分の心の中にはこの信仰が確かにあります。

だからといってそれを人には押し付けることはできません。逆に人が持っている信仰も私にとっては貴重なものだと思っています。矛盾しているといえますが、ＧＯＤが存在していると思いながら、神々の存在も否定できない。私にその証明はできないけれども、人々の信仰を尊重したいという気持ちです。

馬渕　とても腑に落ちました。結局は突き詰めていけばわからないことに突き当たるわけですが、だからこそ、それについていろんな考えがあることを尊重する。それがグローバリズムではない、人と人との関係の在り方であるということですね。

日本神話の場合、宇宙は自然に生まれた。誰がではないわけです。それはGODが創造したという一神教徒とはまったく違う信仰なのですが、それをブリッジする、架橋することができるのではないかというのが私の希望です。

クリスチャンでない異教徒からすればGODというのは一体誰が造ったのか。しかしこれは答えのない問いですね。

モーガン　結局のところわからない問題です。誰が宇宙を造ったのか、あるいは宇宙は自然に生まれたのか。だからこそ議論してもあまり意味がないと思うのです。

それなら議論を避けて、自分とは別の信仰を持つ一人ひとりの背景を知りたいと思っております。そういう考えが架け橋になるかもしれません。

馬渕　まさにそうですね。今いみじくもおっしゃったように、ギリシャ哲学です。「無知の知」、自分がわからないということに気づく。すると、今までわからないことはわからなくていいのだと、こうなるわけです。

禅問答のような話にもなりましたけれども、モーガンさんのグローバリズムに対する基本的な考えというものが、かなり明確になったような気がいたします。

本章冒頭ではアダムとイブが知恵の実を食べたというところからグローバリズムについての考察が始まりました。我々日本人が思っている以上にこの思想には深いものがあって、やはりそう簡単には答えの出せるものではないということがあらためてわかったのではないでしょうか。

しかし、それを知っているだけでも、今後の国際情勢を見るうえで大いに参考になることでしょう。

第四章

神殺しの西洋五〇〇年史

物質で精神を殺す

馬渕　二〇二四年六月に天皇陛下が英国訪問をなされました。このご訪問は天皇が世界の王室のリーダーになられた象徴的な出来事ではないかと、拝察しました。

というのも、天皇皇后両陛下を迎えた、チャールズ国王とカミラ王妃の親しげな姿勢がそう思わせたのです。

したがって、訪問の際に、天皇陛下がお受けになったガーター勲章も、儀礼的な授与ではなくて、天皇陛下が世界の王室を纏める地位につかれたことを象徴する出来事であったと見ることができるのです。

チャールズ国王主催の歓迎晩餐会《ばんさん》における国王と天皇のスピーチにも、それがうかがわれます。

チャールズ国王は開口一番、天皇陛下に「お帰りなさい」と日本語で切り出されたのです。この一言にチャールズ国王の気持ちが、そして今回のご訪英の意味が凝縮されていたように感じました。

つまり、日英両国が世界の中で特別の関係にあったことを世界に示したわけです。

これからの世界は日英関係とりわけ皇室と王室との深い関係が中心になるというメッセージです。
国王はスピーチで、日本とイギリスの四〇〇年以上にわたる深いパートナーシップに言及され、日英両国民間に永続的な絆のあることが強調されました。
私は今回の英国ご訪問を通じて、世界は新・神聖同盟の時代に突入したとの印象を強く持ちました。すなわち、天皇陛下とチャールズ国王の精神的な紐帯《ちゅうたい》を示すことにより、過去二〇〇年にわたり、物質によって世界を支配してきた勢力の敗退が明らかになったのではないか。世界は今、物質中心から精神へと移行したのではないかと、強く感じるのです。

モーガン　馬渕先生がおっしゃるとおり、私もこれからは物質から精神の時代になると見ています。スペイン、ポルトガルの帝国主義による植民地政策が始まって以降、これまで五〇〇年間の西洋史の本質は、まさに物質主義、唯物論の支配だったと見ております。

資本主義にせよ共産主義にせよ物質により精神を殺す思想です。精神を殺す、すなわち神を殺すことが西洋の本質ではないかとさえ考えています。

馬渕　しかも彼らは神を殺すといいながら、共産主義や資本主義といった自分たちの「新たな神」をつくって、それを異教徒に崇拝させようとした。

それが西洋五〇〇年の歴史であると、いうことですね。

モーガン　話が飛んで申し訳ありませんが、日本にも〝神殺し〟の影響は及んでいます。エマニュエル前大使が日本に押し付けたＬＧＢＴ法案はアメリカでは、ＬＧＢＴプライドといいます。この「プライド」を直訳すれば自慢とか傲慢《ごうまん》という意味になります。自分の性別は自分で決める、人間がコントロールするということで、これも西洋史的な意味では神殺しなのです。

非常に悪質な思想ですが、より悪いのは日本国内にそれを流布《るふ》する協力者がいることです。まさに〝売国奴〟であり、このような思想に感染するとアメリカのように堕落するのは火を見るより明らかです。

馬渕　いみじくもエマニュエル大使の名前があがりましたが、彼はまさに日本総督。ある意味では神様になっているようなものです。

神殺しということですが、これもまたや日本人にはわかりにくい言葉です。つまり、日本という国は、神様と一緒に生きてきた「惟神の道」だからです。実際、「神を殺す」

というのは、カトリックの方から見てどういうものなのでしょうか？

モーガン　神を殺すというのは、突き詰めれば人を殺すことです。「神を殺す＝人を殺す」というのは西洋史の中に潜んでいる非常に暗い現実です。

西洋史を見ると、人を皆殺しにするジェノサイドの繰り返し。アメリカもジェノサイドから生まれた国で、いまだにジェノサイドをやっていますし、日本に対してもジェノサイドを行いました。

日本ではよくいわれるように織田信長の比叡山焼き討ちくらいで、欧米のように簡単に人を殺したり、ジェノサイドをしたりするような精神は一切ないのではないでしょうか。神々と一緒に暮らしている、ということは、人間の人間性や精神性を重んじている証左です。人間の命には価値があると互いに尊重し合っています。

第三章で議論したように日本の場合、人間だけではなくて、動物にも価値がある、虫にも価値があります。

人間も動物も簡単には殺さないし、殺せないのが日本文化。これからの世界の在り方にとってヒントとなり、ジェノサイドの西洋史から脱却する指導力として日本文化の価値が高まっています。

神殺しの現場

馬渕　モーガンさんご自身が「神を殺す」という現実に直面されたケースというのはどんなことでしょうか？

モーガン　暗い話になって申し訳ありませんが、私の場合は中絶問題です。もともとこの問題を気にしたことはなかったのですが、ハワイ大学大学院に通っていたとき、たまたまホノルルの街頭で中絶に反対している人々がいました。

そのとき非常に大きいサイズの醜い写真を見ました。中絶の後の様子を写したものですが、瞬間的に、これは人間として人間に対して絶対やってはいけないことだと直感しました。しかし調べると、実はアメリカ政府がこの中絶に反対するどころか推進する政策をとっていたのです。

それればかりか、指導者たちが児童性虐待を行なっていたりした。そんな悪魔のような連中が私の国を支配していることがわかり、がくぜんとしました。

アメリカの一般国民は違いますが、ワシントンの連中はあたかも人を殺すことが使命だと思っているかのようです。

自分が神になった気でいて、全世界に自分たちの思想を押し付けなければならないと思っているのではないか。

胎児や子供やお年寄りに残酷。ワシントンの本質に「神殺し」を見たのです。

馬渕　そのようなお話は日本人にはにわかに理解しがたいのですが、弱者に対し酷いことしても許されるという発想は、どこから出てくるのでしょうか。

モーガン　それはアメリカが建国するだいぶ前に、ヨーロッパのなかから出てきているのではないかと考えております。

キリスト教は、野蛮なヨーロッパ人を抑えようとしてできた宗教と見ることができます。実際、その野蛮性を一五〇〇年ごろまではある程度抑えられたのですが、それ以降はヨーロッパが帝国化してしまいました。

いわゆるニューワールドまで進出し、先住民の虐殺を繰り返していて、この五〇〇年間、ヨーロッパはキリスト教どころではなかった。

弱者を殺してもいいという発想は、遺伝的に人の優劣を決め、優秀な遺伝子を遺し劣悪な遺伝子は排除するという優生学があります。

そのような発想は日本人には全く理解できないでしょう。弱者のように社会の重荷になっている人間は殺してもいいというような発想ですから。

馬渕　おっしゃるとおり、優生学のようなヨーロッパ的な考え方がわれわれにはどうもぴんとこない。

そもそも弱者という発想がない。人間にはさまざまな側面があり強い面もあれば弱い面もある。また強弱では表せない多面性も人間は持っています。それを一つの側面から捉えて「あなたは弱者だ」「あなたは偉いんだ」とは言えない。

ところが悪魔の方々はそうは考えない。

モーガン　優生学というのは実はナチスドイツではなく、アメリカから誕生しました。ナチスはアメリカから学んだわけです。

かつてのアメリカの一番の問題はどうやって非白人を支配するかということであり、優生学もそのために作られました。私の好きな黒人の哲学者であるW・E・B・デュボイスは、「南北戦争で戦っている北軍には、実は解放した奴隷をどのように扱うかについての計画が全くなかった」と指摘しています。

北軍が南部に入ってきたとき、はじめて「この黒人たちをどうしようか?」という問題に直面した。そこで急遽、"Freedmen's Bureau"（解放黒人局）という組織を立ち上げたのです。

これは解放された黒人奴隷の社会生活を支援するという名目だったのですが、南北戦争をして結局どうなったか。

奴隷がいなくなったというより、マルクス主義的にいえば、賃金奴隷や工場奴隷を量産することになったのです。奴隷制度が廃棄されたどころか、全国まで拡大された。そしてさらに、北中心の連邦政府が、黒人やインディアンだけでなく、国民全員を支配するようになっていったというのがアメリカの歴史なのです。

そして、優生学が導入されたもう一つの理由は、黒人など非白人の人口増を抑えるためでした。奴隷制度が廃止されて、反対に黒人が増えるのは困るという状況になったのです。それゆえに、優生学などの理論が発達したのです。

白人は、アメリカ大陸は自分たちの大陸だと思っているので、奴隷制度がなくなった後も自分たちが彼らを支配するロジックが必要だったのです。

今おっしゃったとおり、弱者とか強者を区別しないで、「みんな一緒」という感じが日本の文化の基本の基なのではないかと考えております。

馬渕　国学者の山田孝雄さんがおっしゃったように、日本人はみんな「神の子」ですから、弱者も強者もない。お天道さまに恥ずかしくない生き方をすればいい。簡単に言えばそういうことだと思うんですね。これは子供にもわかることです。

モーガン　それが本当です。人間である以上、形而上学的な難しいことは知ることができません。お天道さまに見られているのだよ、以上のことは言えないというのが私の考えです。

馬渕　おそらく多くの日本人がそう考えてきました。わからないことはわからないことでいいのだと。わからないことが罪でも何でもなかった。

私たちは神様の子孫であり子供だから神様が望まれた生き方をすればいいのだと、ある意味おおらかな考え方があったのです。

「I don't know」が許されない

モーガン　やんちゃな子で〝ちびチンパンジー〟だった私が、アメリカの幼稚園で一番怒られたのは「I don't know」と答えたときです。

「知らない」と言うな、もし知らなければ、それを調べてこいと怒られた。わからないということは恥ずかしいことであり軽蔑される対象になるので、アメリカでは幼稚園の頃から言ってはならない禁句として教えるのです。

だから私も日本に来た初めのころは、大の大人が「わからない」と平気で口にするのを見て驚きました。わからないないなんて言って大丈夫なのかと。

でもよく考えてみればこの世はわからないことだらけですよね。私がなぜ今まで日本に滞在しているのかも、本当はわからないことです。

馬渕　興味深いお話です。しかし「わからない」と言ってはいけないというのが、日本人にはピンと来ないのです。なぜでしょうか？

モーガン　先に述べたプライドに関わることですが、人間は何でも知ることができる。知ることによって神に近づけるという教えがあるのです。

馬渕　それを聞いて思い出すのは、イカロスが太陽、つまり神に近づこうとして墜落したギリシャ神話です。ああいう話というのはどうして出てくるんでしょうね？

モーガン　やはり神に近づきたい、近づこうとする要求が強いからではないでしょうか。神々に近づくなという神話は他にもあります。太陽神アポロンの子が、息子である証しに太陽神だけが乗ることのできる「日輪の馬車」に乗りたいと父にせがみ、御しきれず暴走した挙句、主神ゼウスの雷に打たれて死ぬ話など。

神になっていけないという神話があるということは、そうしたいと思っている人間が多いからでしょう。

日本にそのような神話があるかどうかわかりませんが、西洋には神に近づきたいと思う人間が多いからこそ、それを抑えようとしているのです。

このようなアメリカンジョークがあります。

神学には二つの教訓がある。
一つ目は、神は存在します。
二つ目は、あなたは神ではありません。

自分たちの使命

馬渕　キリスト教には「召命」という言葉がありますね。つまり、神に与えられた自分の仕事をやることが神に近づくことになる。こういう発想とは矛盾しませんか。

モーガン　それは非常に深い議題です。逆に言えば、召命は自分の野望を正当化しようとすることにも悪用できます。

たとえばワシントンの召命は全世界を支配することである、というように。自分たちのやることは神の使命だと正当化できる。

馬渕　その行き着いた先がピューリタンということですね。

モーガン　そうです。ピューリタンが典型です。アメリカ大陸を奪うことが神の使命であるとした。

馬渕　なぜ人間に「神がそうお望みになっている」ということが、言えるのでしょう?

モーガン　カトリックというのはあくまで身体を中心にした宗教です。私たち信者は、イエス様の身体を食べて血を飲んで、体内に取り入れることにより復活できると信じています。

一方、ピューリタンやプロテスタントは「聖書をどのように解釈するか」と、極めて概念的な傾向が強い宗教です。

それゆえに自分たちの野望を「神から与えられた使命」という解釈ができてしまうのです。

英雄と英霊

馬渕　モーガンさんは２０２４年、『私はなぜ靖国神社で頭を垂れるのか』（方丈社）を上梓されました。どのような経緯で靖国で頭を垂れるようになられたのですか？

モーガン　靖国に祀られている英霊たちの戦った敵は、私の生まれ故郷である南部の敵と同じだということに気づいたからです。

ワシントンのグローバリストたちは、世界を物質だけでなく精神まで支配しようとして、日本文化を叩き潰そうとした。そのような敵と戦った英霊たちは私にとってもヒーローです。だから敬意を表したいと思いました。

馬渕　今のお話は胸にストンと落ちるのですが、一点気になったのは英霊が英雄であるということころです。英霊は英霊であるということと、そもそも日本史には英雄という存在が少ない。英雄というはっきりした概念が日本にはないのです。

細かいようですが、英霊であり英雄であるというのはどういう結びつきですかね。

モーガン　そうご指摘いただくと、私が使っている英雄とかヒーローというのは英霊とは違うかもしれません。思えば、屋繁男先生が『維新と興亜』に寄稿されている「日本文明解明のかぎ〈特攻〉」という連載エッセーに特攻隊を西洋的に理解しようとすれば「純粋な贈与」だと書かれていました。

純粋な贈与は西洋人にはなかなかできないことです。唯一純粋な贈与をできたのがイエス様。なぜなら西洋人にはプライドがあるからです。贈与をしても何か理由がついてしまう。

もし純粋な贈与をしてしまえば、自分が神になるという恐れがあります。私の中にもそれはあります。

でも屋先生がおっしゃるには日本では純粋な贈与をできる人が普通にいる。人のために自分を犠牲にすることができる。その意味では、私が使っている英雄とかヒーローは確かにちょっと違うかもしれません。

馬渕　それはクリスチャンの方との発想の違いもあるのではないかという気がします。日本は特別な人がヒーローになるという発想がないのでしょう。

そこでモーガンさんの解釈をお聞きしたいのは、武士道についてです。武士道を体現しておられた方というのは肉体的な死の恐れがなかったのか、それはわかりませんけれども、それよりも道理のために自分の命を捧げることの価値に重きを置いたということではないかと私は想像します。武士道の精神というのはクリスチャンの方から見ればどのように理解されますか。

モーガン　正直に申し上げますと、それは本当に理解不能に近いです。西洋には騎士道がありますが、キリスト教の影響により、もともとあった西洋人の野蛮性を抑えるためにできたものと考えることができます。

たとえば騎士道では女性をプリンセスのように特別扱いをしなくてはなりませんが、ローマの歴史は女性を大勢強姦することから始まっています。

極端な傾向を抑えるために真逆の端まで突っ走るのが西洋人です。しかし武士道の場合は日本文化のなかから自然に生まれてきたものだという気がします。

そういう意味で、概念ではない武士道は西洋人には理解できないのです。

馬渕　そうかもしれませんね。結局、文化理解とか多文化共生などときれいごとを言ってみても、他国の文化を理解するのは簡単ではありません。

モーガンさんも『私はなぜ靖国神社で頭を垂れるのか』のなかでそう書かれていますが、私たちは、できないことをできる、あるいはやらねばならないと洗脳体制におかれ、がんじがらめにされている。

日本は心を失い、先祖から受け継いできた日本の魂を失いつつある。そして、日本人としてのアイデンティティーは「隠さなければならない、恥ずかしいもの」と考える人が増加しているようにも見える。

要するにアメリカのリベラルというのは、優しい顔をして近寄ってきているが、実は残酷で、人種差別意識に満ちている。そのようなアメリカのリベラルという檻のなかに入れられ、日本は大和魂を失ってしまったとモーガンさんはお書きになられていますが。

その視点を持つモーガンさんから見て、いま日本がおかれている状況を脱却するにはどうしたらいいとお考えですか？

モーガン　この日本はワシントンの占領地です。独立国家ではなく、主権国家でもありません。私の故郷であるアメリカ南部もそうです。

その解決方法は一つしかない。北部のヤンキーたちを追い出すことです。

馬渕先生がおっしゃっているとおり、神々の国である日本列島は日本人にとっての聖地であるはずです。その聖地を米軍基地が汚している。

米軍基地を一刻も早くこの国から追い出さなければなりません。そこから日本の復興、日本の蘇りが始まると思うのです。それができない限り永遠に「戦争で負けて申し訳ない」という気持ちが終わることはないでしょう。

南部の人間が北部からどういう扱いを受けているかというと、たとえば私たちの英語の発音が間違っていると彼らは言います。

私たちが「なんで自分たちの言葉をあなたが決める権利を持っているのか」と反論すると、「俺たちは戦争で勝ったから」と返ってきます。

日本も同じです。結局、ワシントンが戦争で勝ったから、日本のことは俺たちが決める。そういう権力構造に日本も南部もなっている。あの嫌な連中、〝総督府〟を追い出さない限り日本の真の独立はありえません。

そのためには、日本国内でワシントンと協力してきた売国奴、日本人側の協力者たちを白日の下に晒し、責任をとらせる。そうしなければ再出発ができないのではないかと考えております。

愛国者の敵は同じ

馬渕　つまりそれをアメリカでやろうとしたのがトランプ大統領ですね。トランプ大統領についてはどう評価されますか。

モーガン　トランプ大統領がやろうとしていることはワシントンに対する〝レボリューション〟だと言っていいことでしょう。「アメリカファースト」という意味は、外交関係におけるアメリカ優先というよりも、ワシントンに家畜扱い――一生税金を払ってくれる牛であり戦争が起きれば最前線で死んでくれる存在――にされているアメリカ人たちを、ワシントンの呪縛から解放するということです。

「私たちは家畜ではない、もっといい人生を送りたい」

それがアメリカファーストです。

ワシントンから解放しようとしたからこそ、トランプ氏はすんでのところで暗殺されるところでした。同じような役割を果たそうとした安倍総理も暗殺された。

馬渕　全く同感で、非常に心強く感じました。安倍総理に対する見方も全く同じで、安倍総理はまさに「日本を取り戻す」とおっしゃったわけです。「戦後レジーム」を脱却し、日本を取り戻す。言うまでもなくＤＳの支配から脱して日本を独立させるということです。

そうすると、トランプ大統領が考えておられるのと同じことなんですね。ですから、両者が暗殺のターゲットになったというのは、わかる気がします。

モーガンさんの安倍総理に対する評価もお聞きしたいです。

モーガン　安倍総理は非常に戦略能力が優れていた方だと思います。「日米同盟を終わらせます」とは言わないで、「自由で開かれたインド太平洋戦略（ＦＯＩＰ＝Free and Open Indo-Pacific Strategy）」や「クアッド（日米豪印戦略対話）」など、日米同盟より大きな枠組みの多国間協定や安全保障体制を築くことにより、ワシントンの影響力を弱めようとしたのでしょう。

多分、ＤＳが途中からそのことに気づいたため、安倍総理の命は短くなってしまった。

ちなみにプーチン大統領も同じようなことをやろうとしています。だからこそＤＳはプーチンをヒトラーだと宣伝し、ロシアのレジーム・チェンジを繰り返し唱えているのです。

馬渕先生がお書きになっているとおり、プーチン大統領とトランプ大統領と安倍総理は三人同じようなことをやろうとしていたのでしょう。

ゲリラ戦の覚悟

馬渕　私も全く同感です。安倍総理が殺されてトランプ大統領の暗殺未遂がつづき、プーチン大統領がウクライナ戦争でがんじがらめにされている状況下にあって、さあ日本はこれからどうしたらいいのか。

私たちにとっての最大の問題は、これからも日本が生き延びていくために、モーガンさん言うところの「グローバリストという悪魔」との悪い連鎖を断ち切ることができるのかどうか。

モーガン　極端に聞こえるかもしれませんが、おそらくゲリラ戦をするしかないと思います。南部にはその経験があります。南北戦争に敗れて北部の傀儡政権となりましたが、それから六、七年間、私たちはひたすらゲリラ戦を展開しました。その結果、追い出すことができたのです。

フランスのレジスタンスもそうです。第二次世界大戦で早々にドイツに占領されたフランスのシャルル・ドゴールは一九四四年六月一三日に亡命先のロンドンでドイツへの抵抗運動「レジスタンス」を呼びかけ、実際にフランス人は実行します。秘密警察のゲシュタポに捕まって、拷問を受けたり殺されていますが、それでも抵抗した。それがドゴールの外交力もあいまって敗戦国でありながら戦勝国の地位にフランスをつけることに成功したのです。

一方いまの日本政府はどうでしょうか。ワシントンの傀儡である日本政府は、いくら選挙をやっていても、傀儡である以上正統性はありません。戦争が終わってから八〇年も経つというのに！

日本人は本当に人が良すぎるのです。南部であれば、他国の軍人が平気で歩きまわることを許しません。

沖縄で米兵が若い女性に性的暴行をしたニュースが報道されました。そのようなことを許していいのか。同じ日本人として復讐したいと思うのが本当ではないでしょうか。昔の侍ならこのような悲惨な現状を絶対に看過しないはずです。公言しないまでも、ひそかに行動するでしょう。

ゲリラ戦という発想が日本人からでないことは美徳かもしれません。しかし日本の利用価値がなくなったときに捨てられることはあったとしても、ゲリラ戦をしない限り米軍が自らでていくことは絶対にないのではと思っています。

日米合同委員会

馬渕　日本が独立国でないということはおっしゃるとおりで、たとえば横田基地。あそこはアメリカの軍人は自由にアメリカと日本の間を行き来できる。つまり、入国管理法から除外されパスポートコントロールがまったくきいていない。

だから、日米間でビザが必要だと言っても表向きのことで、こと軍人に関する限りは全く関係ない。日本が独立国でない大きな証拠の一つです。それを突破するには横田基地を取り戻さなくてはならない。

モーガン　「横田空域」の問題ですね。吉田敏浩氏の『「日米合同委員会」の研究——謎の権力構造の正体に迫る』（創元社）でその問題が詳しく書かれています。

首都圏を中心に一都九県の上空をおおう広大な空域は日本の領空なのに、日本の飛行機が自由に飛べない状況におかれています。米軍が独占的に使用しているからです。しかもこのような巨大な特権の法的根拠が、日本の国内法上にまったく存在せず、在日米軍の特権的地位を定めた「日米地位協定」にも法的根拠が示されていないと聞いています。

では何が根拠になっているかというと、日米合同委員会で結ばれた「密約（航空管制委任密約）」です。

このような密約は、ほかにもあって、「米軍関係者（軍人・軍属・それらの家族）の犯罪で、『日本にとっていちじるしく重要な事件以外は裁判権を行使しない』という『裁判権放棄密約』や、米軍人・軍属の被疑者の身柄をできるかぎり日本側で拘束せず、米軍側に引き渡すという『身柄引き渡し密約』」（同前）など。

日米地位協定が不平等なため、米兵の犯罪や米軍による事故が起きても、日本側がきちんと捜査できない状況が続いています。

沖縄では二〇二四年に性的暴行事件で米兵三人が起訴されましたが、このうち二つの事件は外務省や県警が県に伝えておらず、連絡体制が形骸化していたことが明るみに出ました。

また、二〇二一年五月にアメリカ海軍大尉が静岡県富士宮市で日本人の死者二人を出した交通事故を起こし、禁錮三年の実刑判決を受けた。ところが二〇二三年一二月にアメリカに移送されると、彼の妻と支持者らが、釈放を求めるためにアメリカ政府に圧力をかける活動をし、海軍大尉の全面的な仮釈放を認めた。

大尉は即時に釈放され、保護観察も付かない判決がでたのです。しかも、このことを報じた米CNNの司会者ジェイク・タッパー氏は「素晴らしいニュース速報」としてSNSに投稿。笑顔の受刑者と妻と三人の子供たちが写る写真が添えられていた。

過失とはいえ、二人の日本人を殺しておきながら浮かれた投稿をしたことで日本人が怒りの声を上げたものの、政府はだんまりを決め込んでいました。

沖縄では復帰後の一九七二年から二〇二一年の五〇年で、米軍人、軍属、その家族の刑法犯による摘発は六一〇九件、摘発者は六〇一八人に上るといいます。そのうち、米軍人の摘発は四七八九件、四八四三人と全体の約八割を占めています。

殺人や強盗、強制性交などの凶悪犯の摘発は五八四件、七五七人に上り、このうち、強盗が三九八件、五五三人ともっとも多い。次いで強制性交などが一三四件、一五七人となっている。いずれも約九割は米軍人による犯行でした（『琉球新報デジタル』二〇二二年四月二八日）。

それなのに日本できちんと罪を償わせることができていない。米軍が沖縄で強姦をしていても、交通事故で人を殺しても、アメリカに帰ることができる余地を与えているのです。

そもそも「日米合同委員会」は、日本政府中央官庁の高級官僚、在日米軍の高級軍人とアメリカ大使館の高級外交官など計一三名で構成されているのですが、日本側にはほとんど発言権がないようです。完全に属国。それが戦後このかたずっと続いているということです。

ワシントンにとって日本はキューバのグアンタナモ基地と同じ。自分の地域に米軍基地のあるなしではなく、大きな米軍基地に日本人は住んでいるようなものです。完全にコントロールされている。

そのような危機意識をもって行動しなければ、この隷属状態、敗北心理は抜け出せないのではないかと思います。

独立への矜持

馬渕　私もキューバ大使として当国に赴任したことがあるのでよくわかります。アメリカはグアンタナモ基地に租借料を小切手で支払っていますが、キューバはそれを現金化しないで放っておく。要するに受け取らないという姿勢を貫くことによって、キユーバ人はアメリカに対するささやかな〝独立性〟を保っている。

モーガンさんがおっしゃることとも一致するのですが、私たちがそういう意味での独立性というものをアメリカに示すことができるのか。エマニュエル大使の命令に対し、「やらない」と政治家は言えばいい。それでクビを切られるでしょうけれど、国民を守るためなら政治家として本望のはずです。

そういう意味では物理的なゲリラ戦ではなくて、精神のゲリラ戦を行なうことも重要です。

モーガン　日本国民を守るために政治家になった人が見当たりません。自民党の議員はＣＩＡのプロデュース組織と化しています。今でも自民党に残っている人たちは全員ナポレオンをエルバ島に流刑したように、遠いところへ島流しにしたほうがいい。ある意味エマニュエル大使より罪深い。

二〇二四年一〇月から定期接種が開始された「レプリコンワクチン（自己増殖型遺伝子注射）」に対しても、日本人を人体実験することに政治家は反対しません。

広島・長崎への原爆投下と同じようにまた日本国民を対象に科学実験が始まっている。幸い、ワクチン接種者は少ないようですが。

馬渕　自民党は〝利権〟の巣窟ですからね。それからCIAの手先であるというのもそのとおりです。今、保守と称している多くの人も同様です。しかし、モーガンさんの言論のお陰でそのことに多くの人が気づくようになりました。

モーガン　私は「チャンネル桜」の討論会や本のなかで〝拝米保守〟と名指しで批判しているのに、誰も直接私に反論したり非難したりしてくる人がいないのです。散々批判しているというのに。もし私が同じように批判されたら、真剣勝負のディベートに臨みます。

馬渕　モーガンさんと議論すると都合の悪いことがあるんでしょうね。

モーガン　私がこの国にきて学んだのは馬渕先生がおっしゃる日本人の精神性です。日本人のお陰で今ここにいることができた。その日本国民がビジネス保守に騙されるのを黙ってはいられません。

馬渕　日本にはウソをついてはいけない、正直でなければならないという美しい文化があります。真心を持つこと、誠の心を大切にする。そのような心を悪用するビジネス保守が本当にいやなのです。

馬渕　よくわかります。『國體《こくたい》の本義』がなぜ一九三七年のあの時期に書かれたのか。

当時も日本を売るような人たちがいたから、日本の國體を明らかにする必要に突き動かされた。

今、私たちにとって必要なのは、日本の國體を守れ、あるいは國體に気づけ、そしてそのために命を捧げるぐらいの覚悟を持てということですね。

モーガン　私が「日本の國體」について語る資格はないのはわかっています。しかし、「日本の國體」が普遍的価値観とか人権とか民主主義とか、そういったものではないことはわかります。それは概念的なものではない。

馬渕　そのことは『私はなぜ靖国神社で頭を垂れるのか』でも鋭く指摘されていますね。人権というのは彼らの武器であると。モーガンさんはこの本の印税はすべて英霊に捧げるとおっしゃっていますね。英霊の方々を題材にして自分が稼いではいけないという思いが伝わってきました。

日本政府が敵になる日

モーガン　本章の最後に一つご紹介したいのは、あまり有名ではないのですが、私が長年愛読している雑誌『Chronicles』があります。「オールド・ライト」とか「ペイリオコン（ペイリオ・コンサーヴァティズム）」と呼ばれる、いわゆる極右雑誌。その二〇二四年八月号の特集は、法の不正義を武器にしたアメリカが非常に危険な国になって、法治国家ではなくなってしまったことが書かれていました。

アメリカがこのような状況にあることについて、日本のビジネス保守は一切言及しません。逆に私の言うことを陰謀論とレッテルを貼りますが、そうではなくて、現にアメリカの保守がアメリカはファッショの国だと書いている。かつてのソ連と同じだと。すなわち自分の国が敵だということです。ゆえにワシントンの支配下におかれた日本政府が早晩、日本人の敵になる番が来ることに警鐘を鳴らしたいのです。

馬渕　モーガンさんの言説をお聞きすると、日本人のことを日本国家のことを本気で心配してくださっている。そういう想いがひしひしと伝わってきました。

だからこそ、日本を売るような言論人や政治家が許せないのですね。米軍はゲリラ戦をしてでも追い出す必要があるし、原爆投下への復讐としてアメリカに空爆してもかまわない。武士なら斬り捨てていた。これはそのとおりなんですが、日本には水に流すという文化があります。無かったことにするのではありません。「だから反省しろ」

ということです。

実質的に何人もの命を奪ってきた政治家たちには反省してもらう。昔なら仏門に入ったような方法で残りの人生を後世への祈りにささげていただきたい。それを求めるのが日本人的な草莽《そうもう》の在り方だと思います。

モーガンさんには私の主宰する勉強会「耕雨塾」の対談ゲストとして、二〇二四年は三回も登壇していただきました。私がお休みをいただいた八月には、モーガンさんに特別講義をしていただきました。とても高度で有意義な講義だったと聞いております。

次章はモーガンさんの考え方を、私たちがもっと理解するための章にしたいと考えています。八月の特別講義の内容をあらためてお話しいただきたいのですが。

モーガン　ありがとうございます。僭越ですが、私の学びを読者の皆様に共有させていただきたいと思います。

第五章　ジェイソン・モーガンの視点

アクティブ・ニヒリズムの超克

ウクライナ戦争が分岐点

ウクライナ戦争が起きるまでは、私は産経新聞に書かれていたことを信じていた人間でした。反プーチンでこそなかったのですが、欧米vs.ロシアを民主主義vs.全体主義という、欧米のプロパガンダの図式で見ていたのです。

しかしウクライナ戦争が始まって、キャンセルされていた人々――ファシストやレイシストとレッテルを貼られ危ない人間だといわれていた識者――の解説を聞いて図式が一変しました。むしろ、この戦争はワシントンが仕掛け、追いつめられたプーチンは軍事作戦をせざるをえなかったことがわかったのです。

たとえばヴァシル・ムラヴィッツキーというウクライナ西部のジャーナリストがいます。日本ではまったく無名で、私も知らなかったのですが、日本在住のスイス人パスカル・ロッター氏がウクライナ人の通訳者を通してインタビューを行なっています。

私はそのロッター氏にインタビューすることができました。

ロッター氏はスイスのように中立が重要であること、どちらの肩も持たないこと、戦争があっても参加しないことが大前提だとおっしゃってました。そして戦争を仕掛けているのはワシントンであると。またディープ・ステートだという識者の指摘を紹介してくれました。

ムラヴィッツキー氏の話で私が驚いたのは、民主国家のはずのウクライナで戦争を理由に選挙が行なわれていないことです。また、ゼレンスキー大統領を批判する人たちが続々と逮捕されているということ。民主主義を守る戦いをしているはずの大統領が選挙と言論の自由という民主主義のベースを破壊していたのです。

たとえば職場で「戦争は大丈夫か」と言うだけで、次の日に警察が来て、刑務所に入れられる。ガールフレンドとＬＩＮＥや携帯のやり取りまで、おそらくＣＩＡだと思いますが――監視していて不都合な発言をすると警察が来る。

そして実際、ロッター氏がインタビューをした数週間後にムラヴィッツキー氏も逮捕されてしまったのです。ジャーナリストを守る団体がムラヴィッツキー氏を解放せよと抗議しています。ことほどにウクライナは全体主義化しているのです。

このような事実を日本は報道しません。私はプーチンを支持しています。応援しています。頑張ってもらいたいと思っています。

別にメディアがプーチン擁護の報道をする必要はありませんが、ジャーナリストとしては両サイドの裏表を報じてほしい。せめて日本国内ではと思っていましたが、NＨＫなどはただのプロパガンダ機関。アメリカの大統領選の報道を見ても、アメリカの左翼メディア同様に偏向していてトランプ候補を潰すのが目的であることが露骨でした。

日本が敵国になっている

二〇二四年八月、ウクライナ軍がロシア領土に侵攻したとき、海外のメディアはインタビューを掲載してくれましたが、日本メディアは掲載してくれない。

その一方で、日本のメディアに取り上げられる識者はまるでＣＩＡが企画し振り付けをしたとおりのことを発言しております。

ウクライナの軍事行動はワシントンの資金と武器の提供がなければできないことです。おそらく軍事作戦の計画にすらワシントンが関与している可能性もある。そもそもワシントンがウクライナとＮＡＴＯ（北大西洋条約機構）を使ってロシアを侵略したとプーチンが解釈することもできる。

日本はどっち側でしょうか。明らかにNATO側に立っています。ということは、日本が間接的にロシアに対して戦争行為を行なっているとロシアに解釈されても仕方がない。私がロシア側だったらそう思います。日本はけしからんと。しかし日本政府とウクライナを支持する知識人にその自覚はあるのでしょうか。

鈴木宗男先生にインタビューでお会いしたとき、二〇一〇年に汚職事件で逮捕されて以来、鈴木先生に抱いていた嫌な印象が一変しました。鈴木先生がおっしゃっていることはほとんど常識ではないかと。北海道出身の先生はロシアとの近さを身に染みてご存じです。だからロシアとは仲良くしたい。それが北海道の人々のためになる。また、資源大国のロシアとの交易は資源のない日本にとって死活的に重要なパートナーになり得ると。とても愛国心を感じました。

ウクライナ戦争でウクライナに加担している日本に対してもロシアは有難い姿勢を見せていると鈴木先生は言います。日本政府はともかく、日本国民はロシアに対して悪意を持っていないのではないかと、寛容な解釈をしてくれているというのです。

しかしその寛容さがいつまで続くかはわからないし、これは非常に危険な〝火遊び〟です。表向きはウクライナが相手ですが、実質後ろにNATOがいます。

また、今の自民党の政治家のなかにプーチンのカウンターパートになれる政治家の有無を質問したところ、鈴木先生は「いない」とおっしゃっていました。今の日本に必要な政治家はトランプのような人ですが、残念ながら永田町には見当たらないのです。

次の代理戦争

ワシントンの本性を考えるうえで、イスラエルが重要であることは第一章で述べました。そのことを知り尽くしているイスラエルが反対にワシントンを戦争に巻き込もうとした事例があります。二〇二四年七月三一日、ハマスの指導者・イスマーイール・ハニーヤが、イランのテヘランで暗殺されたと報じられました。イスラエルの諜報機関であるモサドは、UAEかカタールに滞在しているはずのハニーヤを、なぜミッションのハードルの高いテヘランでわざわざ暗殺したのか。

おそらくアメリカに気を使ったと言われています。なぜなら二〇一〇年一月にモサドがハマスの幹部をUAEのドバイで暗殺したときにワシントンが激怒したことがあったからです。アメリカにとってＵＡＥは友好国であり、暗殺は当事国の主権を侵害する行為だからメンツを潰すことになる。

その点、反米国家であるイランであれば、問題はない。逆にワシントンはイランと戦争をしたがっているから好都合であるとモサドは判断したのでしょう。現に暗殺が起きたことに対し、ワシントンはイスラエルを批判していません。

ウクライナが〝代理戦争〟をあとどれくらい継続できるかわかりませんが、ウクライナ国民の厭戦感情が高まっているのは当然のことです。これだけ戦争が長引いて多くの人が殺されていれば無理もない。悲劇はいつも国民にもたらされるのです。

トランプ大統領が停戦に成功したとしたら、次の代理戦争はどこで起きるのか。

ロシアの隣国である北欧のフィンランド、フィリピン、そして台湾が予測されます。台湾については後述しますが、フィリピンに関しては、ロドリゴ・ドゥテルテ政権時代に関係が悪化していた米比関係ですが、対米重視のフェルディナンド・マルコス政権に交代して以降、急速に改善されています。言うまでもなく、対中国が念頭にあってのことです。

アメリカへの期待

まだアメリカに期待している日本人は多いことでしょう。私の国に期待をかけてくれるのはありがたいのですが、ワシントンはファシストです。ファシストであるワシントンに期待するのだけはどうかやめていただきたい。

これはまだ記憶に新しいと思いますが、大統領選後の二〇二一年一月六日、ワシントンの議事堂を選挙の敗北を認めないトランプ支持者が襲撃した事件があったと報じられました。しかし、タッカー・カールソンとオハイオ州の共和党議員が内部資料を開示してFBIがプロデュースしてトランプ支持者を罠にはめたことが明らかにされました。

それに関連して二〇二四年五月に逮捕・起訴され懲役四年の刑を言い渡されたレオ・ブレント・ボゼル四世という人がいます。彼の父親のレオ・ブレント・ボゼル三世は有名な人で、右の立場のメディア、「メディア・リサーチ・センター（MRC）」を立ち上げ、主流メディアの報道を毎日批判する番組を発信していました。

たまたま私の友人が彼と同じ教会に通っていたので話を聞くと、「自分は国会議事堂にいなかったし、襲撃にも参加していないのに逮捕された」というわけです。すなわち、彼の父親に対する嫌がらせとしか思えない。

もし同じようなことが日本で起きたらどう思いますか？

事件と全く関係のない人が逮捕され、政府に迫害される。そんな考えられないような不正義がアメリカではまかり通っているのです。

ベベリン・ビーティ・ウィリアムズという女性がいます。彼女は三三歳の黒人の女性で、テネシー州の私が住んでいた隣町に住んでいました。彼女は中絶に反対していました。中絶の実態は日本では報道されていませんが、アメリカの場合、それから戦後日本で始まったときも、優生学からきたものです。

前述したように優生学は〝白人至上主義の科学〟なのです。

拙著をお読みくだされればわかりますが、アメリカでは全国チェーン展開をする中絶クリニックがあります。これを立ち上げたマーガレット・サンガーという人はレイシストで、ＫＫＫ（クー・クラックス・クラン）の支持者でした。サンガーは、黒人は「人間の雑草」だといって、非白人の繁殖が白人の遺伝的純粋に対する脅威だと思っていたので、優生学を推薦していました。できるだけ黒人の数を減らすために、避妊薬を推進しようとした。そして、彼女のつくった組織が中絶をアメリカ全国や、全世界に押し付けようとしたのです。黒人だけでなく、ヒスパニックやアジア系など非白人の数をできる限り減らすために、胎児を殺し続けているのです。昔の話ではなく、現在進行形のことです。

この組織はカマラ・ハリスや副大統領候補に巨額の寄付を行なっています。その非人道的な組織に対し反発しているのがベベリン・ビーティ・ウィリアムズさんです。信じがたいことですが、非白人の赤ちゃんを本当にターゲットにしている。私がウィスコンシン州に住んでいたとき、この中絶クリニックの前に週に一日、二、三時間立って祈っていたことがありました。するとクリニックに入ろうとする女性に声をかけるおばさんたちがいるのです。中絶クリニックのすぐ道の反対側に中絶をしないクリニックがあるので、そっちに入るよう声をかけていました。つまり、彼女たちは中絶しないように見張っていたわけです。

一時私は、そのおばさんたちの安全を守る役割を果たしたことがあります。警備員ではないけど、女性が声掛け活動をしている間、付き添う男性がいた方が安全なわけです。中絶クリニックがあるのはおしなべて治安が悪く危険で黒人の多い地域。わざわざそういうところを狙ってクリニックをつくっているのです。

悪質な中絶クリニックに反対したべべリン・ビーティ・ウィリアムズさんは逮捕されました。起訴されて懲役三年五カ月の有罪判決を受けています。

同じく七六歳で難病で闘病生活中のジョーン・ベル・アンドリュースというおばあさんも中絶に反対し、逮捕されました。

「弱者保護というなら、赤ちゃんやお年寄りや大病している方々を大切にしましょう」と主張して、中絶クリニックの前と中で平和のメッセージを妊婦に伝えようとしただけで刑務所に入れられているのです。

またエヴァ・エドルという八九歳のおばあさんもクリニックで中絶反対を訴えて懲役三年の実刑を受けています。

一九九一年から分離独立が始まり、二〇〇六年に消滅したユーゴスラビア出身のエヴァ・エドルさんは共産主義のこの国でクリスチャンであったため収容所に入れられていました。それでもクリスチャンをやめず、アメリカに亡命した。その亡命先の「民主主義国」でまた同じことが起きたのです。

ソ連という共産主義連邦は人の命を全く尊重しませんでしたが、今のアメリカもまったく同じです。以上の人々は、トランプ大統領が再びホワイトハウスに入るとすぐさま恩赦を発表しました。そもそも彼らが起訴されたこと自体トランプは批判しています。

最後に紹介するのは『Mao's America: A Survivor's Warning』（未邦訳）を書いたシシ・ヴァン・フリートという文化大革命が吹き荒れる中国から逃げてきた女性です。

この人が住んでいるのはバージニア州ラウドン郡というワシントンに近い、リベラル教育が盛んなところですが、自分の子供が受けていた批判的人種理論の教育にショックを受け、同郡の教育委員会に入り、批判的人種理論に反対の演説を行なったことで有名になった女性です。

「批判的人種理論（Critical Race Theory）」とは、国民を抑圧者の子孫である白人と、被抑圧者の子孫である有色人種の二つにわけ、白人は懺悔し、有色人種の言いなりにならなければならないと、対立を煽る現代アメリカのマルクス主義のことです。

非白人である彼女の子供は、理論上は優遇される立場にあるわけですが、彼女は「人種」と「階級」が違うだけで文化大革命と変わらないと看破し、教育委員会に入り抗議をしたのです。

ちなみにバイデン政権の司法長官メリック・ガーランドは、全国の教育委員会の組織が中絶やリベラル教育に反対する人たちを「国内テロリスト」だと認定した後、ＦＢＩに狙うよう指示しました。

まさにファシストではありませんか。

親が教育委員会に行きすぎたリベラル教育を抗議するだけでビン・ラディン扱いされる。「毛沢東がアメリカにやって来た。これは私が経験した文化大革命と同じ」だと彼女は警鐘を鳴らしているのです。

フェニックス・プログラム

ベトナム戦争のときにアメリカが行なった作戦に「フェニックス・プログラム」がありました。

ダグラス・バレンタインが、広範な調査と元参加者や監視者への綿密なインタビューに基づいた『The Phoenix Program』（未邦訳）のなかでその実態を詳しく書いています。

本書によれば、「フェニックス・プログラム」とはベトナム戦争の暗黒時代、CIAが南ベトナムの民族解放戦線（NLF）――通称「ベトコン」の基盤を不安定にするために考案され、ひそかに開始した誘拐、拷問、暗殺の大々的なプログラムのことです。

ワシントンが支援した南ベトナムでは誰が工作員か誰が北ベトナムの人間かがわからないので、効率よく暗殺するために南ベトナム全体を監視し、一人ひとり調べて、ブラックリストを作成した。

このプログラムの犠牲者は、敵に関する情報を隠し持っていると〝疑われた〟男女のベトナム民間人でした。

ブラックリストの多くは、金を脅し取ったりライバルを排除したりしようとする腐敗した南ベトナムの治安要員によって標的にされたのです。

そして一九六五年から一九七二年の間に、八万人以上の非戦闘員が男女を問わず、裁判なしの長期投獄、陰惨な拷問、残忍なレイプ、そして多くの場合は処刑の対象となったと言われています。

これは「CIA史上おそらくもっとも血なまぐさく非人道的な秘密作戦」とも評さ

れていますが、そこで学んだ暗殺スキルをCIAはアメリカ国内でも利用し、治安維持の名目のもと同じことをやっているとバレンタインは告発します。

トランプ氏が戦っている敵はこのような全体主義のアメリカなのです。

エイドリアン・ヴァルミュールというハーバードロースクールの教授の本を読んでクレイジーだと思ったのは、政府をつかって国民に道徳を押し付けたいと書いていたからです。

これはカトリックの教えとワシントンDCが合流してアメリカ人の道徳を改善したいというプロジェクトのようですがナンセンスです。

腐敗した官僚やディープ・ステートが牛耳るワシントンにカトリックを教えることなどできるはずがないし、政府が国民に何かを押し付けることそのものが道徳違反です。たとえばワクチンを打ちたくない人に押し付けることは道徳的ではありません。

チャールズ・W・フリーマン――。一九七二年、ニクソン大統領が中国に行ったとき、通訳をやっていた人です。

国務省でさまざまな役職を歴任したあと、北京の大使館、その後タイのバンコクの大使館で臨時代理大使および副首席公使として海外赴任をし、一九八六年にはアフリカ担当国務次官補代理に任命され、アンゴラからのキューバ軍撤退とナミビアの独立交渉において重要な役割を果たしました。

一九八九年一一月にサウジアラビア大使に就任し、一九九二年八月まで務めます。フリーマンはイスラエルを批判したことで、キャリアを終わらせられたといっています。実際、オバマ政権だった二〇〇九年、フリーマンを国家情報会議（ＮＩＣ）の議長に任命しようとしましたが、イスラエルロビーの横やりが入り、取り消しにされています。

このようなキャリアを持つ彼が、「ワシントンはずっと中国と戦争をしたがっている」と言っています。そしてイスラエルがイランと戦争しようとしていると。

私もそうだと思います。ワシントンのやり口をずっと見ていた人間だけに説得力があります。

老練なチェスマスター

日本は比類のないアメリカの属国です。

これほど政府が外国に国民を売り渡している国はめったに見ません。非常に珍しいケースの属国なのです。

その一方でＢＲＩＣＳ（ブラジル、ロシア、インド、中国、南アフリカの頭文字をとった名称）が台頭しています。現在、この五カ国に加え、イラン、エジプト、アラブ首長国連邦、エチオピア、インドネシアの一〇カ国からなり、二〇二四年一〇月にはロシアのカザンでＢＲＩＣＳ首脳会議が開催されました。

これにグローバルサウスの二八カ国の加盟希望国が参加。ロシアと中国を中心にした反Ｇ７（日本、アメリカ、カナダ、フランス、イギリス、ドイツ、イタリア及び欧州連合）、脱ドル体制の構築をはかっています。

ＢＲＩＣＳの大半が資源大国であり、人口比でいうとＢＲＩＣＳで四五パーセントと、一〇％のＧ７を圧倒しています。

経済成長も著しく、ＧＤＰこそＧ７が上回っていますが、購買力平価で見たＧＤＰではＢＲＩＣＳのほうが大きく、その差も拡大することが予測されています。

つまり、すでに世界は多極化しているということです。

反対にドルを武器化し、経済制裁を繰り返すアメリカに対し、ドル離れが加速しています。二〇二四年六月末時点の世界に占めるドル比率は五八・二二パーセントと史上最低値を更新しています。シェア七〇パーセントを超えていた九〇年代に比べると著しく低下しているのです。

私の予測では、これからアメリカは「台湾化」します。つまり、中国の圧力により台湾を国家承認した国が次々と離脱し、現在一三カ国しかなくなってしまった状況のようにアメリカ離れが加速すると見ています。

そしてそのアメリカ離れ、正確にはワシントン離れを中心で画策しているのがロシアのプーチン大統領その人だと思っています。

トランプのまず相手に一発大きなパンチを食らわせてから、怯んだところを次々に自分の要求を通す外交手段と違って、プーチンのやり方は老練なチェスマスターのように戦略的です。

一例を挙げると、二〇二四年六月の二四年ぶりの北朝鮮訪問です。プーチンは金正恩と首脳会談を行ない、第三国から攻撃があった場合には、相互に支援を行なうなどとした新たな条約に署名し、すでにウクライナ戦争に大規模な北朝鮮軍が派遣されたことが報じられています。

この北朝鮮訪問の裏にあるのは対中国です。習近平にとってロシアと北朝鮮の接近は目障り以外の何ものでもありません。実はトランプ大統領も一期目にそのことを画策しましたが、ボルトン国務長官などに阻まれ頓挫していました。

日本が独自外交をとれれば、プーチンにあっせんしてもらって日朝間で無条件に交渉すれば拉致問題も解決する可能性があると私は考えています。

ニヒリズムに取り憑かれた世界

前置きが長くなりましたが、私が皆さんに話したいのはもっと本質的なことです。このようなアメリカの衰退は形而上学的問題、精神問題だと私は考えたい。

精神の問題というのは心理学的な問題ではなく、スピリットの問題です。アメリカ人や日本人の大半がニヒリズムに陥っている、あるいはニヒリストになっているのではないか、という問題提起です。

たとえば『週刊新潮』（二〇二四年七月一一号）に「トレンドは『墓じまい』『継承不要』『合同墓』……コロナ後に激変した『お墓』最新事情」という記事が載って

いました。

私は日本に来てからも何度もお墓参りにいっています。お墓を掃除し、手を合わせて祈る。すばらしいことです。

それが単なる形骸化された伝統ではなく、生きた信仰だからです。本当にそのお墓に埋葬されている方の魂がまだ生き残っていると私は信じています。その人の人生と魂を思い出して、安らかであることをお祈りする。それは人間ではありませんか。

週刊新潮にでていた記事はそれとは真逆の、形骸化された伝統の、悪しき合理主義です。

あえて葬式はしない、あえてお寺でお墓を買わない。

実はアメリカでも同じような現象が起きていました。

一九九〇年から一〇年間続いたアメリカのテレビドラマ「ビバリーヒルズ青春白書」で、「ディラン・マッケイ」を演じたルーク・ペリーが五二歳で亡くなったとき選んだのが「キノコ葬」です。六年前のことです。

どういうお葬式かというと、キノコの菌が入ったスーツのようなものを着て、そのまま土に埋められる、いわゆる「エコ埋葬」。そうすると、体がキノコの菌に食べられ環境に一番優しい。聖書の中では、「お前は土から生まれて土に戻る」と書かれており、それに重ね合わせています。

環境が大切だというのはわかります。私たちが亡くなれば骨となり土に戻ることはファクトです。でも「キノコ葬」は違います。お墓がない、ということは、この人はここに埋められているのでもなく、誰に祀られることもなくただ消える。ニヒリズム以外の何ものでもありません。

それは認めたくない。この人生以上に何も信じていない。この物理的な存在以上には何も信じることができない。それでいてそのことを認めたくない。だから言い訳として環境を大切にしたいとか、エコに優しいと言っているだけなのです。

アクティブ・ニヒリズム

現代のニヒリズムを理解するのに非常にいい参考文献があります。西部邁先生と宮崎正弘先生がお書きになった『アクティブ・ニヒリズムを超えて』（文芸社）です。西部先生は次のよう書いています。

高度成長の中での物質文明の繁栄を、僕はある段階から、『大衆社会（マス・ソサエティ）』として捉えなければならないと痛切に思ったのです。書き始めたのは随分遅れて、一九八〇年ぐらいからですが、その十年前から強く思っていました。これは大問題で、民主主義とも関係あることです。

英語のマスは、もともとは大量という価値中立的な、客観的な意味合いであったのに、人間とか社会に適用されたときのマスは、明らかに価値観を含んだ言葉です。ざっくり言えば、先ほどの現実・理想と関係してくるけれども、現状に対する批評精神、あるいは現状を解釈する努力、批評する努力をほとんど一切失って現状に自己満悦する人々、言い換えると現在の自分自身に満悦を覚えて自己批評の精神も何もなくなった人々を『大衆』と呼んでいます。（中略）そういう意味では大衆社会現象がもう六〇年安保の頃から起こり始めていて、誰もが無自覚のうちにそれが最高のうねりに達して七〇年代に入っていくのだと思います。

戦後知識人の罪は山ほどあります。福田恆存が『自分の唯一最大の敵は、実は戦後の知識人なのである』と言ったように。実は僕も、別に福田先生の驥尾《きび》に付そうということではなくて、僕なりのルートを経てそう思うのです。

（中略）

民主主義が大衆主義へと変質、高度化していくことについての言論認識における批判精神が見事になくなってしまった。僕は、そこで全共闘運動というものも出てくるのかなという気もしています。（『アクティブ・ニヒリズムを超えて』）

「現在の自分自身に満悦を覚えて自己批評の精神も何もなくなった人々」というのがニヒリズムに陥った人々のことです。

その一方で「アクティブ・ニヒリズム」というものがあります。これはドイツ哲学者のニーチェからきたものですが、前掲書から西部先生の言葉を引用します。

連合赤軍と三島由紀夫自決事件は、両方とものすごいショックでした。それらに僕はものすごく感謝しているのです、特に連合赤軍に。実を言うと、六〇年安保の時にすでにこの果てに来るのは必ず、お互いの殺し合いであると強く予感したのです。僕は街頭のブランキストもどきであったし、どこか行動的ニヒリズムの気分で生きていたので、殺し合いそのものを嫌ったわけではありません。

しかし、いわれなく殺されたり、いわれなく人を殺したりするということについては、自分の心理の奥底ですごく嫌悪していました。これは本当なのです。それで僕は姿を消したというのが本当のところです。（同前）

これは非常に重要なポイントです。ここでいわれている「行動的ニヒリズム」がアクティブ・ニヒリズムのことです。

アクティブ・ニヒリズムとパッシブ・ニヒリズム、私はこれが今の世の中を理解するためのコードだと考えています。

アクティブ・ニヒリズムとパッシブ・ニヒリズムを洞察したのはニーチェです。そこでもう一冊紹介したい本があります。

セラフィム・ローズ神父の『Nihilism: The Root of the Revolution of the Modern

Age（ニヒリズム：現代の革命の根源）』（１９９４年）です。

ローズ神父はアメリカ人で、西部先生が安保闘争をしていた時期とだいたい同じくらいのタイミングでサンフランシスコに引っ越しています。

サンフランシスコは非常に景色のきれいなところですが、住む人の心は真っ黒。アメリカを理解したいのであれば、ジャック・ケルアックとかアレン・ギンズバーグ、ウィリアム・バロウズなど「ビートニク」の作品を読めばいい。私も好きだったんですけれども、非常に暗い。しかしこれがアメリカの精神です。

バロウズは『Junkie』という小説を書きました。小説といわれていますが、実は自伝です。バロウズ、それから彼の友人ギンズバーグなどは、アメリカ社会のニヒリズム、残酷さを描写していました。

ケルアックは、ニヒリズムや残酷のなかに救いを求めていて、カトリック信仰と仏教を通して堕落した世の中から逃げたいと思っていたようです。浪漫派でもあって、感情的な小説も有名ですが、ケルアックの小説、例えば『On the Road』でも、アメリカ社会のニヒリズムを十分感じられます。

読んでいただければ、アメリカがキリスト教の国ではなくニヒリストの国であることがわかります。ちなみにサンフランシスコはＬＧＢＴの拠点です。つまりＬＧＢＴの正体はニヒリズムなのです。

　セラフィム・ローズは一九六〇年代、七〇年代のサンフランシスコに行き、まざまざとニヒリズムを肌で感じたのです。ブランキストというのは19世紀フランスの社会主義者Ａ・ブランキの思想を信奉するグループのことで、暴力を使って革命を起こしたい人たちです。日本の連合赤軍そのものです。それが今のアメリカの主流なのです。

　ネオコンのことを指しているのですが、そのネオコンの実態が連合赤軍にＦ35戦闘機を持たせたようなものだとしたらどうでしょう。恐ろしさがわかると思います。

　セラフィム・ローズは途中でロシア正教教会に入ります。これが真実だと思ってキリストの信者になった。そしてそれとともに名をセラフィム・ローズと変名した。「セラフィム」というのは聖人の名です。

　セラフィム・ローズはニーチェの書いたことは重要であり、今の私たちの世界を説明していると書いています。

「Nietzsche has given a second definition of Nihilism, or rather a commentary on the definition "there is no truth"; and that is, "there is no answer to the question: 'why?' " Nihilism thus means that the ultimate questions have no answers, that is to say, no positive answers; and the Nihilist is he who accepts the implicit "no" the universe supposedly gives as its answer to these questions. But there are two ways of accepting this answer. There is the extreme path wherein it is made explicit and amplified in the programs of Revolution and destruction; this is Nihilism properly so-called, active Nihilism, for-in Nietzsche's words-"Nihilism is ... not only the belief that everything deserves to perish; but one actually puts one's shoulder to the plough; one destroys." But there is also a "moderate" path, which is that of the passive or implicit Nihilism we have been examining here, the Nihilism of the Liberal, the humanist, the agnostic who, agreeing that "there is no truth," no longer ask the ultimate questions. Active Nihilism presupposes this Nihilism of skepticism and disbelief.」

〈ニーチェはニヒリズムの第二の定義、あるいは「真理はない」という定義についての解説を与えている。それは、「『なぜ？』という問いに対する答えはない」というものである。ニヒリズムとは、究極の問いには答えがない、つまり肯定的な答えがないことを意味する。そして、ニヒリストとは、宇宙がこれらの問いに対する答えとして暗黙のうちに「ノー」と答えていることを受け入れる者のことである。しかし、この答えを受け入れるには2つの方法がある。その極端な道とは、革命と破壊の動きを通して、それを明確にし、拡大するものである。これは、ニーチェの言葉によれば、「ニヒリズムとは…すべてが滅びるに値するという信念であるだけでなく、実際に鋤に肩を入れ、破壊する」という、正真正銘の能動的ニヒリズムである。しかし、ここで取り上げてきた受動的または暗黙的なニヒリズム、つまりリベラル派、ヒューマニスト、不可知論者のニヒリズムのような「穏健な」道もある。彼らは「真実など存在しない」という考えに同意し、もはや究極の問いを投げかけない。能動的ニヒリズムは、この懐疑論と不信のニヒリズムを前提として

いる。〉

パッシブ・ニヒリズム

ニーチェはニヒリズムについてかなり深く考えていました。

この世に真実がないというだけでは、説明になっていない。たとえば星空はどこから来たかというような疑問です。この宇宙はなぜあるのか。私の大好きなワンちゃんたちはなぜ天国に行ったのか。なぜ大好きなお父さんが目の前で苦しんでいるのか。

一体これは何なのか。

おそらく皆さんも一度は考えたことがある問題です。

そのような問いに対して、答えがないといっているのがニヒリズムであると、ニーチェはいいます。答えがない、意味がない、ただ漂っている感じ。

おそらく三島由紀夫先生が直面したのもこの問題ではないでしょうか。

この虚無の問いに直面して受け入れるには二つの選択肢があるとニーチェはいいます。その一つが「アクティブ・ニヒリズム」、すなわち革命を起こすことです。この世界は意味がない、だから世界を燃やし、全部ぶっ壊す。実際それを強行したのがロシア革命を起こしたボルシェビキです。

今、プーチンが猛反省しているのはこのことです。おそらくロシアの方々はみな後悔していることでしょう。

ヒトラーもそうです。ヒトラーはこの世界に何の価値観もないならば、強い人間が自らで全世界の新しい価値観を造り出せると考えた。

これがアクティブ・ニヒリズムです。

もう一つは、「パッシブ・ニヒリズム」。世界に答えがないというところまでは一緒ですが、能動的に革命を起こすのではなく、そこそこの現状に満足している態度です。満腹になればいい、時々レジャーに行って楽しければそれで十分であると。ニーチェに言わせれば、勇気のないニヒリストにあたります。

レーニンやヒトラーのような勇気のあるニヒリストは少数で、大多数は勇気のないニヒリストです。

今の世界の構図は、少数のアクティブ・ニヒリストと大多数のパッシブ・ニヒリストに二分されていると言えるのではないでしょうか。

日本のすべての人がそうだとはいいません。しかし、多くの人がワシントンの日本支配を仕方がないと受け入れてはいないでしょうか。

融通無碍で精力的に見える中国人も大半の人たちは同じ受け身の人々です。私も中国に行ったときにそれを強く感じました。アメリカ人に似ています。アメリカ人のアメリカ人らしさをマックスにすれば中国人になります。

まるでお金が人生のすべてだという志向です。

西洋では安楽死ブームが訪れています。もともとカナダなどで安楽死が始まったのは、難病の持ち主、本当に治療のできない人々に「死ぬ」という選択肢を与えたことから始まったわけです。

その結果、カナダでは、たとえば小さな病気になってもすぐ安楽死したいと言い出す人が増えています。一番酷いと思うのは精神病の患者さんです。社会の弱者である患者に対しお医者様が誘惑するのです。

「やっぱり薬は効いていないので、安楽死はどうですか」

ホームレスとなったアメリカ人

アメリカ人は〝ホームレス〟になった、というのが私の見解です。

私が最後にサンフランシスコに行ったのはもう一〇年くらい前ですが、そのときでもサンフランシスコの道端にはホームレスがあふれていました。

私も早々に金をせびられましたが、彼らがそれで何を買うかというと麻薬です。なぜそれがわかるかというと、そのホームレスが明らかに異常な行動をとっているからです。しかもそのホームレスたちはわざわざカリフォルニア外から集まっていた。私が話したのは南部の人でした。

つまり、彼らはお金がなくてホームレスになったわけではないのです。いわば形而上学的にホームレスになった人たちです。答えのない世界を麻薬で紛らわせている。ニヒリズムの行きつく先がサンフランシスコだったのです。ケルアックは預言者でした。

アメリカ人はどこに住めばいいかわからなくなったのだと思います。その意味で、たとえ大きな家に住んでいたとしても〝ホームレス〟なのです。ホームレスはアメリカの文化になりました。ニヒリズムのせいです。

文化レベルでは西洋は死んでしまったのかもしれません。日本の政治家や学者は両手でその死んだ文化を持ち込もうとしています。

たとえばそれはエクササイズブームにも潜んでいます。健康のためにエクササイズをすること自体を否定しているのではありません。エクササイズを八〇年代のアメリカで広めたのが、ベトナム戦争のさいにベトナム民主共和国を訪れた活動家のジェーン・フォンダだからです。

彼女は一九七二年七月にベトナムで飛来したアメリカ軍機を撃墜するために設けられた高射砲に座り、北ベトナム軍のヘルメットを被ってポーズをとったり、ハノイに抑留されているアメリカ兵士の戦時捕虜を「死刑にすべき」と発言したりしました。赤軍のメンバーのようなもので、アクティブ・ニヒリストです。そういう人間がエクササイズを広めた。ようは暴力カルトを健康カルトに変えただけです。

私は使いませんが、スマホに心拍数や血糖値など健康を測るアプリがあります。邪推かもしれませんが、それにも何かカルト的な傾向があるのではないかと感じてしまいます。命を大事にしているのではなく、健康カルト的な運動の臭いがするのです。

タトゥー文化もニヒリズムです。日本の入れ墨文化はまた違いますが、外国人が自分の身体にわざわざ日本アニメのキャラクターを彫ったりする意味がわかりません。アニメは見ればいいものなのに、なぜ自分の身体を傷つける必要があるのか。ボディーアートというのもニヒリズム的なものを感じさせます。

この世を超える何か

私の父が亡くなったときのことです。

父は急にがんになって三カ月も経たないで亡くなりました。病室でしゃべっているときは非常に弱っていて、苦しんでいました。しかし「死にたい」とは最期まで口にしませんでした。生きたい。回復したい。早くうちに帰りたい。こういうことを言っていました。これはわからないことです。人の心はわかりません、いろんなケースがあります。

しかし私は安楽死には断固反対です。なぜならそれがホロコーストの始まりとなるからです。安全が確認されていないワクチン接種もホロコーストの始まりです。

「みんなの健康のため」と謳い税金が投入されて始まるホロコーストとは何なのか。日本では報道されていないかもしれませんが、アメリカの民主党大会では避妊手術であるパイプカットや中絶の無償化が謳われていました。お祭り気分で楽しいことでもするかのように発表されていたのです。

実に恐ろしいことです。ようするに政治と死がセットになっています。ゆえにワシントンを〝死のカルト〟と表現したくなるのです。

私は日本に来て初めて命の大切さを知ったのかもしれません。

アメリカにいたときに、かわいがっていた犬がいました。犬も私のことが大好きで、家族同然でした。その犬が年老いて病気となり、いよいよ弱ったとき、見ていられなくなって、獣医に注射してもらいました。アメリカではそうするのが一般的でした。

でも日本でできた私の家族は違いました。

一九歳の犬がどんなに弱っても最期までご飯や水をあげてお世話をしていたのです。その姿を見て、私は自分が残酷なことをしたことに初めて気づかされました。人間が勝手に生き物の命を奪ってはいけません。

そのような死生観を持つ日本に死のカルトがなだれ込んできている。それが許せないのです。日本人の美しい文化が現在進行形で奪われていることに気づいてください。私の国から入ってくる、西洋から入ってくるこのニヒリズムがやはり日本にも到着しているように見えるのです。

私は映画館には行きませんが、父の見舞いで帰った飛行機のなかで観た映画が『オッペンハイマー』でした。原爆実験がニュー・メキシコで成功した有名なシーンがありました。

その実験に立ち会ったロバート・オッペンハイマーは『バガヴァッドギーター』という有名なインドの哲学の本の一節「I am become Death, the destroyer of worlds（いまや我は死なり。世界の破壊者なり）」がよぎったといいます。

この世界を滅ぼして善い世界が誕生するというニヒリズムはアメリカの文化です。あの破壊の限りを尽くす原爆こそニヒリズムそのものです。

繰り返しますが、ワシントンはアクティブ・ニヒリズムです。その協力者である日本政府や与党自民党もそうです。そして多くの人間が受け身的な、出口のないパッシブ・ニヒリズムに陥っています。

しかしワシントンのアクティブ・ニヒリズムと戦っている国もある。それがロシアであり、プーチン大統領です。

私はパッシブ・ニヒリズムに逃げるのではなく、命を懸けてアクティブ・ニヒリズムと戦いたいと思っています。

世界にはこの世を超える何かが存在する、その何かは私にもわかりません。でも、この中にはこの世を超える大切なものがあると信じています。

第六章

新世界秩序のための戦いのはじまり

二〇二四年の大統領選挙

馬渕　なぜ二〇二四年のアメリカ大統領選では不正選挙が起きなかったのか、これをモーガンさんと議論したいと思っていました。

しかもトランプ当選を真っ先に報道したのは、反トランプメディアでした。一一月六日には早々とトランプ圧勝を報じ、カマラ・ハリス氏の敗北宣言をもって、トランプ氏の大統領当選が確定しました。

四年前の不正選挙とその後の混乱を思うと隔世の感があります。主流メディアは、アメリカもいわゆる西側諸国も、二〇二〇年の大統領選挙で大規模不正が行われ、大勝していたはずのトランプ大統領が強制的にホワイトハウスを追われたことに、一切口を噤《つぐ》んできました。

それからもう一つ、弾丸を紙一重でよけたトランプ大統領の奇跡を一般のアメリカの人たちはどう受け止めているのかを教えていただきたいと思ったのです。七月一三日の選挙集会において、聴衆に紛れ込んでいたディープ・ステート（ＤＳ）の狙撃手が放った弾丸は、トランプ氏の右耳をかすめましたが、起き上がったトランプ氏が拳を振りかざして、「ファイト、ファイト」と叫んだ姿は、アメリカの強い指導者を象徴する神々しい立ち居振る舞いでした。同じシーンを見ても神を信じているアメリカ人と日本人とでは受け止め方が違うのではないかと思うのです。

私にはあたかも誰かの声が聞こえて顔を向けたように見えました。それは安倍総理の声だったのではないかと思いたくなるほどの奇跡でした。あるいは奥さんの声がしたのかもしれません。誰の声かはともかく、十中八九死んでいておかしくない弾丸をかわしたのです。

現実に何が起こったのかは、明らかにならないでしょう。トランプ氏自身なぜ避けられたのかを合理的に説明することは困難ではないかと推察します。

しかし間違いなく断言できることは、奇跡の暗殺未遂事件以降、さらに多くのアメリカ選挙民の心をとらえたであろうことは想像に難くありません。この暗殺未遂事件がトランプ勝利を確実にした分水嶺になったと考えられます。

DS側に立ってみれば、最後の賭けはオクトーバーサプライズでした。もっと具体的にいうと、韓国による北朝鮮への攻撃です。しかしそれも起こすことはできませんでした。

こうなるとさしものＤＳとはいえ、前回のように陰で覆すことはできない。当のＤＳ自身が観念したのではないかと思えてくるのです。現に無事大統領の就任式を迎えられたことがそれを示しています。この事実がトランプ大統領とＤＳが妥協した結果なのです。だから就任後の暗殺を心配する声もありますが、私は起こらないと思っています。

選挙にしてもニューヨーク州をハリスに取らせたのはその妥協案です。結果を見ればトランプ大統領の「landslide victory（地滑り的勝利）」でしたから、本当はワシントンＤ.Ｃ.くらいしかハリスは選挙人を獲得できていなかったのではないか。おそらくプエルトリコさえとれていなかった可能性がある。

ところで、「圧勝」を誰が言い出したのかと調べたら共和党の反トランプの代表格・ミット・ロムニー氏でした。

いずれにせよ、トランプ大統領の地滑り的勝利で世界の潮目が変わりました。

ところが、我が国のメディアはトランプ当選にケチをつけたのです。リベラルを自称する朝日新聞、中道を売り物にする日本経済新聞、保守系と見られている読売と産経、その系列の既存テレビを含め、トランプ当選は世界の不幸であるとの論調を世界にばらまいていました。

しかし二〇二五年に入ってからトランプ報道を軌道修正したのか、産経新聞の論説副委員長・渡辺浩生氏が「風を読む」というコラムのなかで、「不法移民を経済と治安の『脅威』と呼ぶトランプ氏に共鳴するチャベスさんらの声を、共和党の地盤の南部特有の意識と私は受け止めた。誤りだった」「われわれはトランプ氏の主張を巡る誇張やウソに敏感であっても、現状に不満を抱く人種マイノリティーや若者の心をつかんでいたことには、感度が弱かったのだ」と逃げの姿勢を見せています。このコラムには「トランプ報道を自戒する」との副題がついてましたが。

モーガン　それは大きな変化ですね。

馬渕　しかし今頃軌道修正しても残念ながら手遅れですね。既存メディアは全滅で、だからこそ草莽の時代なのです。

アメリカ国民が選挙を守った

モーガン　アメリカは二大政党制を謳っていますが、以前から主役は民主党で、共和党は有権者のガス抜きのためのわき役にすぎません。ですから共和党を保守だと信じている人たちを裏切っているのです。

二〇一二年にロムニーが大統領選に立ったとき、副大統領候補はポール・ライアンでした。いかにも弱腰でオバマ大統領と民主党にへりくだることが自分の使命だと言わんばかりの態度。保守でも何でもない。低賃金者を求めて移民政策を推進してきたのは共和党でした。

メディアにも同様の構図があります。保守系統とされるFOXニュースも、ラディカルなリベラルに比べて「遅い」だけで、スタンスはリベラルです。アメリカ国民は「保守」だと騙されてきました。

馬渕先生が『馬渕睦夫が語りかける腑に落ちる話　ウクライナ戦争の欺瞞　戦後民主主義の正体』（徳間書店）で書いておられるように、不正選挙は何も二〇二〇年から始まったのではなく、以前から常習的に行われていたことでした。一読して先生はよくご存じだと思いました。

二〇二〇年のバイデンジャンプのときは「大規模」だったという違いでしかありません。言い換えるなら、前回の選挙まで支持者は共和党を信じて任せっぱなしだったのです。しかし、前回裏切られたことから今回の選挙では不正が起きないよう共和党支持者が自分たちで監視しました。

たとえば第一章で述べたようにウィスコンシン州というラディカルな左翼の牙城でさえも、ごくふつうの人たちが動き、ネットワークをつくり、結果を出すことができたのです。私はこれを見てアメリカ国民は〝目覚めた〟と思いました。

私のような極右（笑）の存在は六〇年以上前から粛清されつづけていて、今回の選挙でようやく有権者に保守の正しさをわかってもらったという気がします。

その意味で、まさにトランプ大統領は国民を代表している存在です。国民の声です。デンマーク領グリーンランドの買収発言にしても、トランプ大統領が欲しいからではなく、ヨーロッパの人間を目覚めさせるため劇薬です。グリーンランドは自分たちの領土だと偉そうなことを言っているけれど、取ろうと思えば一日で取れるぞと。

実際、グリーンランドには中国とロシアが近づいているのに、デンマークは黙認している。そんなことは許せないというアメリカ国民の声をトランプ大統領は代弁しているだけです。

グリーンランドを放置するほうが危ないのにＮＨＫはそのような発言をするトランプ

大統領を危険な人物であると報じている。

馬渕　日本のメディアが報じるトランプ像はいい加減にしなければいけませんね。本来日本好きで日本に敬意を持っていたトランプ大統領に、日本に対する興味を失わせているのではないかと心配せざるを得ない。

それから不正選挙については、私は繰り返し警鐘を鳴らしてきましたが、「世の中の一般大衆が、どのような習慣を持ち、どのような意見を持つべきかといった事柄を、相手にそれと意識されずに知性的にコントロールすることは、民主主義を前提とする社会において非常に重要である」と書いたエドワード・バーネイズの『プロパガンダ』そのもの世界と言えます。

アメリカを癒す

馬渕　トランプ大統領は勝利宣言の冒頭に、「We are going to help our country heal」と二度繰り返しました。アメリカ国家国民の癒しの時が来たという意味ですが、アメリカを再び偉大にするためには癒しが必要であることをトランプ大統領は強調したのでしょう。

癒しとは、二〇二〇年の国を挙げての不正選挙で傷んだ人間としての良心の癒しなのです。現にバイデン大統領は、トランプ大統領の勝利に対し喜びに満ちあふれた表情をしていました。自分が不正選挙で大統領になったことをいちばん知っているのがバイデン大統領ですからね。

どのような圧力があったのかは知りませんが、政治家として、何より人間としての矜持を喪失したことに四年間悩み続けたのではないかと想像します。大統領選で敗れたハリス副大統領にしても同様の心境ではないでしょうか。

「We are going to help our country heal」という言葉についてモーガンさんはどのように思われますか?

モーガン　私も「We are going to help our country heal」を望む一人ですが、私の考えではアメリカ、それから世界の負傷を癒す前に、いくつかの課題が待ち受けているのではないかと考えます。

アメリカの場合は、不法移民という名の侵略者二〇〇〇万人以上を追い出すことが待っています。それは、トランプ大統領が移民税関捜査局（ＩＣＥ）のトム・ホーマン元局長代理を移民、海上、航空の安全保障を監督する国境管理責任者に起用したことからも、本気だということを感じました。

もし実行すれば、民主党の人々が猛反発することは必至。おそらく四年前のように各地で暴動を起こす常套手段を行なうでしょう。

しかし今回はトランプ大統領もそのような事態に準備できていることと思われます。もちろん、負傷を癒すことは重要ですが、その前にリベンジをしていただきたいと思うのです。ＦＢＩ長官だったジェームズ・コミー、クリストファー・レイや、ビル・クリントン、ジョージ・ブッシュ、アンソニー・ファウチなどは裁判なしの銃殺刑に処してもいいほど、アメリカを負傷させた大犯罪人です。リベンジをしない限り、アメリカの負傷は治らないのではないかと。

もう一つトランプ大統領が本気だったと思ったのは、マット・ゲーツ前下院議員を司法長官に任命したことです。ゲーツという人は、私よりもラディカルな人かもしれないんですが（笑）、あの人が司法長官になれば本気でやってくれたでしょう。残念ながら彼が下院議員だった二〇一七～二〇年に、定期的に女性に金銭を支払って性的関係を持ったほか、違法薬物を複数回使用したとされる報告書がだされて、指名を辞退してしまいましたが。その代わりのパム・ボンディという女性も、もしかしたら厳しくリベンジしてくれるのではないかと期待しています。

真の世界秩序をつくる戦い

モーガン　第四章で神殺しの西洋五〇〇年史がいまだに継続していることを述べましたが、プーチン大統領という人はこの五〇〇年間で初めて世界秩序ができるように戦っている人間だと位置づけることができます。

トランプ大統領もある意味そうでしょう。

ドイツの新旧宗教内乱にヨーロッパ各国が介入して拡大した「三十年戦争」の講和条約として一六四八年に結ばれたのがウェストファリア条約です。

世界初の近代的国際条約であり、現在に至る主権国家体制と国際法が整った体制だとされてきました。

しかしこのウェストファリア体制という世界秩序の実態はアナーキーです。国と国の関係を調整する国際法は存在しません。強いものが勝つ、弱肉強食の世界にすぎない。

あの国の土地が欲しいなら力ずくで奪えばいい。

そのようなジャングル状態を終わらせて、国対国の対等な関係、お互いにリスペクトし合って、他国の内政に干渉しないし、侵略しない。本当の世界秩序をつくろうとしているのがプーチン氏です。これからの四年間、プーチン大統領とトランプ大統領が世界秩序を構築することを期待しています。

馬渕　同時にそれは十九世紀、イギリスのユダヤ人ネイサン・ロスチャイルドが通貨発行権を独占することにより、世界の統一に向けて作り上げたグローバリズムの体制であるウィーン会議体制の打破でもあります。

今後四年間でトランプ政権が何をするかのカギは、二〇一九年九月の国連演説です。トランプ大統領は、「アメリカは決して社会主義国にはならない」と宣言して、「各国の指導者は自国民を大切にするべきである」として、各国ファーストの神髄を、概略以下のとおり述べました。

1　国家の善政は愛国者のみ実現可能である。歴史に根差した文化に育まれ、伝統的価値を大切にする愛国者が、未来を築くことができる。

2　愛国者こそが自由を守り、主権を維持し、民主主義を継続し、偉大さを実現できる。
3　各国が自国を愛することによって、世界を良くすることができる。
4　世界のリーダーがなすべきことは、祖国を建設し、文化を大切にし、歴史に敬意を払い、国民を宝とし、国を繁栄させ、道義性を高め、国民に敬意を払うことである。
5　未来はグローバリストの手中にはない。未来は愛国者にこそある。未来は独立主権国家にある。このような国家こそ、自国民を守り、隣国を尊重し、各国の特性に基づく違いに敬意を払うことができるからである。
6　アメリカが目指すゴールは、世界の調和（ハーモニー）である。独立主権国家が自国民を愛する統治を行なえば、世界は調和することができる。

これらの特徴を一言でいえば、愛国主義者である指導者の利益と、国民の利益は一致すると強調していることです。この思想は、我が国の君民共治の政治体制や、ロシアの集団的共生体制、ソボールノスティと類似しています。

次は具体的なことをお聞きしたいのですが、リベンジの対象となるのは誰でしょう？

モーガン　一番大事なのはＦＢＩやＣＩＡの職員を逮捕し、彼らが国内および外国でどのような工作を働いていたか、暗殺していたかの実態がわかるよう内部情報を全部開示すべきです。

その点、期待したいのは、トランプ大統領によってＦＢＩ長官に指名されたカシュ・パテルです。インド系アメリカ人でヒンズー教徒の弁護士だった彼は、トランプ支持者で下院情報委員会の委員長を務めたデヴィン・ヌネス（フェイクニュースをやめないということでＣＮＮに訴訟をかけた面白い人物）の補佐官を務めました。

このときのパテルの任務は、二〇一六年の選挙でのロシアによる干渉を調査することであり、トランプ陣営の元スタッフに対する監視令状の取得方法を批判する「ヌネス・メモ」の執筆を共同で行うことでした。そしてトランプ氏の疑いを晴らす発表をします。メモの後、パテルは国家安全保障会議（ＮＳＣ）で、国家情報長官代行の主席顧問となり、二〇二〇年一一月には、国防長官代行クリストファー・ミラーの首席補佐官に任命されます。

彼が面白いのは、ＦＢＩ長官になった暁には「初日にＦＢＩ本部ビルを閉鎖し、翌日に『ＤＳ』の博物館として再オープンさせる」という過激発言からもわかります(笑)。

パテルこそ、これまで春を謳歌し、権限を濫用・私物化して法律や司法制度を武器化し、トランプ氏を弾圧してきたＤＳへのリベンジを果たすにふさわしい人物です。

実際、ＦＢＩを解体することは非常に難しいし、暗殺の危険が待ち受けています。しかし彼がＦＢＩのトップになればチャンスはあると考えています。一人ひとりの政治家もそうですが、組織を全て一掃していただきたい。

馬渕　ＦＢＩとＣＩＡをどうするかが、一つのポイントだということですね。

ＦＢＩが政治的に公正な捜査機関、すなわち「巨悪をやっつける正義の味方」であると、私たちは洗脳されていますが、モーガンさんがおっしゃるように全然違います。

ＦＢＩの実態は連邦捜査機関などでなく、かつての共産主義国ソ連における政治秘密警察のごとき存在です。

ソ連の秘密警察だった内務人民委員部は、共産革命の反対勢力を摘発するための政治警察でした。ソ連の人民の生命財産を守るためではなく、彼らを常に監視して共産党にとっての危険分子を恣意的に逮捕・処刑する役割を担い、無辜《むこ》の庶民を恐怖のどん底に陥れた存在です。

ＦＢＩは民主主義憲法を有するアメリカ連邦政府司法省の指揮下にある捜査局と位置づけられており、民主的に選ばれた政権の党派性を超えた捜査機関という建前で運営されています。したがって、アメリカ国民のみならず、世界はＦＢＩの公正さを信じ込まされてきました。

しかし、そのＦＢＩが、実はアメリカを陰から支配するＤＳの利益に奉仕する政治的に偏った捜査機関であるとの正体が暴露されれば、アメリカ国民がＦＢＩの存続を許さない事態に発展する可能性もあるわけです。いや、その正体を隠している分だけＦＢＩの方がソ連の秘密警察よりもたちが悪いとも言えます。

同様にＣＩＡもＤＳの意のままに各国の体制を転覆させるために手段を厭わず、大統領暗殺さえも行なう、世界の攪乱勢力です。

その点、ＣＩＡに対し恨み骨髄のロバート・ケネディ・ジュニアが、アメリカ合衆国保健福祉省長官に指名され政権入りしたことは非常に大きい。ＦＢＩについては、まさにトランプ大統領その人がこの四年間散々嫌がらせを受け苦しめられてきました。

たとえば二〇二二年八月中旬、ＦＢＩはフロリダ州にあるトランプ邸の家宅捜索を強行し、「機密文書」を押収しました。前大統領への強制捜査というのは前代未聞の蛮行です。しかも結局、機密文書は存在しませんでした。

たとえＦＢＩの名前は残ったとしても組織としての中身が変わらなければいけない。

もしトランプ大統領がＣＩＡの暗殺文化を修正できれば、世界にとっても大きな福音になることでしょう。

日本の独立が南部の希望

モーガン　アメリカは一六四年前の南北戦争（１８６１‐１８６５）開戦から帝国への道が始まりました。エイブラハム・リンカーンという十九世紀の金正恩が登場して、リンカーン大統領が私の国を乗っ取って、アメリカ共和国を帝国化しました。『トム・ソーヤーの冒険』を書いた小説家のマーク・トウェインなど多くの人々が反対していましたが、結局ワシントンがグローバリズムの総本山となって、全世界まで帝国の版図を拡大する存在になりました。

アメリカが完全に帝国になった証拠としてＣＩＡの存在があります。ＣＩＡは全世界で暗殺を継続し、アメリカ国内ではＦＢＩがこれに加わります。

第五章で述べたようにベトナム戦争のときに「フェニックス・プログラム」で学んだスキルをアメリカ国内に持ち帰り、同じことをやっているのです。

九・一一同時多発テロのさいは、アフガニスタンやイラクの「テロリスト」に対し私たちアメリカ国民は激しく憎悪しました。

イスラム教原理主義者に対し復讐してほしいと心から思いこまされていたのですが、今やその憎悪の対象が自分たちに向かいかねません。というのも、ジョージ・ブッシュ大統領のときにCIA長官を務めたマイケル・ヘイデン将軍は、「トランプを支持している人はタリバンだ」とXにポストしているからです。

また、メリック・ガーランド司法長官は、トランスジェンダーやLGBTに反対している一般国民をFBIに狙うよう指示したことはすでに述べました。つまり、トランプ大統領を選び、LGBTに反対しているごくふつうの国民をCIAは敵認定したということです。

ワシントンにとって私たちは監視されてしかるべき対象です。国民ではなく、下手をすると暗殺されかねない立場に追いやられました。現に私の友人が刑務所に入れられていました。中絶に反対したというのがその理由です。幸い、トランプ大統領は彼も恩赦しました。彼は非暴力主義者でキング牧師が大好きだという人ですが、赤ちゃんは大切にしましょう、お年寄りも社会的弱者もみんな同じ人間で平等で命は一つだと言って、中絶クリニックに入り、妊婦に平和の言葉をかけたら逮捕されました。アメリカはそういう国になってしまったのです。

連邦政府はファシストです。それを終わらせたいと思えば、相当な努力をしなければなりません。だから私は、日本でもワシントンからの独立を常に言うのです。もし日本が独立すれば、私の故郷の独立も先に見えます。そのためにも、日本の独立が非常に大きな課題だと考えています。

しかしCIAとFBIは暗殺にたけているので、安倍さんのようになりかねません。トランプ大統領は覚悟しているでしょうけれど、他の人はどこまで覚悟しているのか。それが問題になるかと思います。

連邦政府はいらない

馬渕　モーガンさんに言わせれば、リンカーンがアメリカを帝国化した。つまりこれは悪い意味ですね。けれど私の理解では、リンカーンはアメリカの連邦制を守った存在であると捉えていましたが、そうではないと。

だとすると、リンカーンについてのアメリカの教科書の記述は、まともな教科書に書き改められる必要がある。こういうことでしょうか？

モーガン　実はまともな教科書がまずありません。教科書はすべて北部プロパガンダと言っていいのです。

馬渕　そうするとトランプ大統領が本当の意味での愛国的な教科書をつくるとすれば、リンカーンをどう位置づけるか。これが一つの大きなポイントになりますね。

モーガン　テネシー大学チャタヌーガ校の恩師のウィルフレッド・M・マクレイ教授は、とてもいい人で、もともとは左翼だったのが、少しずつ右に近寄ってきて、今は非常に保守的な人間になっています。

その教授が二〇一九年に教科書を書きました。私も書評を南部のサイトに投稿し、掲載していただきましたが、教授が書く教科書はただの〝神話〟にすぎないんです。私の目にはその建国からしておとぎ話に見えます。

しかしその神話をトランプ大統領はぶち壊す気はないでしょう。ワシントン大統領やリンカーン大統領の神話は一切ノータッチにすると思います。逆に保護したいと思っているのでしょう。

私自身は、アメリカの連邦自体が問題だと考えています。連邦制＝独裁であり、今のような連邦制のアメリカはあるべきではなかった。アングロサクソンにより奪われた植民地、それがアメリカの実態です。

馬渕　アメリカというのはアングロサクソンの国ではないと。

モーガン　そうです。私の系譜にはインディアンもいるのです。ゆえに「インディアンに返せ」というのが私の歴史観。こういう過激なことを言うとモーガンの話は聴く価値がないと思う人が多いでしょうが、日本の課題とかなり重なり合っています。

自分の国が白人に乗っ取られている――。これは日本と南部に共通する大問題です。日本というのはもともと天皇陛下と日本国民の国のはずですが、私からはそうは見えません。世界を支配したモンゴル帝国は乗馬ができれば、モンゴル人と認定されるように、日本も外国人に対し非常にオープンな国です。しかしそれを悪用しているのがワシントンなのです。

馬渕　モーガンさんから見れば連邦政府そのものが違法であると。となると連邦政府を否定したあとには何が残るのでしょう?

モーガン　南北戦争のときは、私たちは本当のアメリカ人というつもりで戦いました。南部の奴隷制度はけしからんといいますが、南部には奴隷制に反対して奴隷を保護したいと思う人たちもたくさんいました。

南北戦争で南部は奴隷制を守るために戦ったのではなく、私たちのところに勝手に入ってきたヤンキーを追い出すことが戦う理由だったのです。

連邦制を否定して何が残るかというと、州が残ります。理想を言えば、その前にあったインディアンたちの国に戻したいのですが。

馬渕　それは非常に面白いご指摘ですね。連邦を廃止して州が残れば、まさに合衆国、ユナイテッドステーツになるわけですが、その上に立つ連邦政府はいらないということですね。

モーガン　合衆国が消えて残るのは五〇カ国です。

馬渕　アメリカ大陸が五〇の州に分割されるということですね。

モーガン　それは私だけの意見ではなくて、テキサスやアイダホ、オレゴンもそうですが、連邦制から離脱したいと思っている人はテキサス州で三、四割いて、地域によってはそれ以上いるのです。

馬渕　それはどうしてなのですか。つまり、連邦に収奪されるからいらないという発想になるのでしょうか？

モーガン　連邦政府＝グローバリストだからです。彼らはグローバリストだからこそ、LGBTイデオロギーなどを持ち出し、まだ幼い少年・少女に取り返しのつかない性転換手術を施したりする。あってはならないことです。

自分の子供、自分の家族をグローバリストから守りたい、というのは常識だと思います。そのためにも、連邦政府を早く追い出す必要があるのです。一般国民、世界のどこにでもいる人たちと共通の思いで、そのこと自体は特別な思想ではないのです。

馬渕　モーガンさんのお話を論理的につなげていくと、そもそも連邦制そのものがグローバリズムであり、だから連邦制は必要ない、むしろ廃止すべき悪である、ということですね。

モーガン　今のアメリカは白人の植民地ですから、実は日本と変わりません。「連邦制」そのものが一つの政治的神話にすぎないと考えています。そもそもアメリカにあったのは、アラバマ州でありルイジアナ州といった各州です。

リンカーン大統領について、さらに言及すれば、彼はカント主義者でした。いわゆるドイツ観念論。ただ頭の中で想像してつくり出したアイデアが国の基本だと思っていたきらいがある。一八六三年一一月一九日に発表されたリンカーンのゲティズバーグ演説を読むと、イマヌエル・カントが書いたのではないかと思うばかりです。

たとえば、冒頭は「Four score and seven years ago our fathers brought forth on this continent, a new nation, conceived in Liberty, and dedicated to the proposition that all men are created equal.（八七年前、我々の父祖はこのアメリカ大陸に、自由の精神にはぐくまれ、すべての人は平等につくられているという心情に捧げられた新しい国家を誕生させました）」とあります。

しかし、国というのは概念ではありません。「自由の精神にはぐくまれ」でもいなければ、「人は平等につくられて」もいません。観念的すぎます。

家族がいて、おじいちゃん、おばあちゃんやいとこたちの住む目の前のこの村が私たちにとってのワールドです。私はニューオーリンズに近いところで生まれ育ちましたが、私たちの文化はアメリカというよりは、カリブ海とアフリカの文化そのもので、ピューリタンが入植したニューイングランドとは関わりがほとんどないのに、連邦制ということで同じアメリカに括られているにすぎないのです。

馬渕　ということは、トランプ大統領がなぜその連邦の大統領を目指したのかということ。つまり、「トランプ大統領自身の哲学はどうなのか」という疑問を抱かざるをえないのでは？

モーガン　そうですね、連邦制の大統領であることが、私からすればトランプ大統領の限界です。もちろんトランプ氏が大統領になって非常に良かったと思いますし、暗殺にあってもすぐさま立ち上がって「ファイト、ファイト、ファイト！」と叫ぶ姿はヒーローそのものでした。トランプ大統領には連邦政府を乗っ取っているグローバリストに厳しいリベンジを期待しています。

しかし、それは私たち南部の人々からすると、トランプ大統領に期待するのは連邦政府を良くしてほしいというよりは、いわゆるゴジラのように連邦政府を踏み潰してほしい（笑）。

馬渕　そうすると今回トランプ大統領に投票した有権者でも、南部の人と北部の人では全く期待するものが違っていた可能性がありますね。

モーガン　私のように考えている南部の人がどれほどいるかはわかりませんが、「民主党は絶対に嫌だ」という人が多かったのは間違いありません。繰り返しになりますが、子供に性転換させるようなジェンダーフリー政策や、他国の戦争に介入する外交を望む人はいないということです。かつてのアメリカには「共和国」という理想がありましたが、連邦制は帝国そのものです。端的に言って、南北戦争以降のアメリカは「グローバリストが牛耳る帝国」にすぎない。

アメリカが死んだ日

モーガン　では共和国としてのアメリカがいつ死んだのか。アメリカの初代財務長官アレクサンダー・ハミルトンが、中央銀行である第一合衆国銀行を設立したときだと思っております。

中央銀行の設立に対し強硬に反対したのはベンジャミン・フランクリンと独立宣言を起草したトーマス・ジェファーソンですが、ハミルトンに騙されたワシントン大統領が設立法案に署名してしまった。このことは馬渕先生がさまざまな著書のなかで詳しく書かれていますね。

馬渕　おっしゃるとおり、第一合衆国銀行ができたのは、フランクリンが死んだ一七九一年です。
アメリカ憲法は通貨発行などの権限は連邦議会に属すると第一条で規定しています。それにもかかわらず、憲法違反の中央銀行が成立した背景は、イギリスの金融資本家の圧力があります。
実際、第一合衆国銀行は株式の八〇パーセントをロンドン・シティーのネイサン・ロスチャイルドなどの民間銀行が所有し、アメリカ連邦政府は二〇パーセントを保有するだけでした。事実上、シティーやニューヨークの民間銀行が所有する中央銀行だった。

モーガン　当初、第一合衆国銀行は二〇年という期限付きでした。だから二〇年後の一八一一年が中央銀行を廃止するチャンスで、現実に上下両院ともわずか一票の差で更新を否決できました。

馬渕　そこで動いたのがやはりイギリスの金融資本です。一八一二年に英米戦争が勃発、要するに中央銀行法を更新させるため、シティーがイギリス政府をけしかけたのです。戦争の結果、アメリカ政府の債務は約三倍に増大し、深刻なインフレに見舞われます。
このインフレに対処するため、一八一六年アメリカ議会はやはり中央銀行である第二合衆国銀行の設立法を可決します。第一銀行と同様の民間中央銀行でした。
これに反発したのがアンドリュー・ジャクソン大統領で、一八三二年には第二銀行の更新を拒否します。シティーやニューヨークの民間銀行家たちとの間で攻防が繰り広げられましたが、ジャクソン大統領は最後まで妥協せず、やがてアメリカは南北戦争に突入していく。

モーガン ジャクソン大統領は今のノースカロライナ州とサウスカロライナ州の境あたりに生まれで、テネシー州最高裁判事も務めています。米英戦争では司令官として活躍。大統領になったのは、一八二九年でした。

馬渕 トランプ大統領はそのジャクソンを愛国者として尊敬している。アメリカの金融の歴史を見ると、いかに中央銀行というものがアメリカを支配してきたか、国民を搾取の対象にしてきたのかということがよくわかります。

モーガン それと戦争がポイントですね。なぜジェファーソンらがイギリスから独立しようとしたか。フランスとの激しい植民地獲得競争のさなかにあって、一七五六年からヨーロッパで始まった七年戦争（1756〜1763）と、アメリカでのフレンチ＝インディアン戦争でイギリスが勝利し、大英帝国への道を歩むのですが、戦争で生じた借金を返済するために、一方的に植民地に対しさまざまな課税を強化してきたからです。

なぜイギリスのツケを植民地の人間が支払わなければならないのかと思うのも当然です。独立戦争をした結果、その戦費の受け皿として中央銀行をつくってしまった。つまり、いまだに中央銀行が賄って戦争をやっているアメリカ帝国はイギリス帝国を脱却していないということです。中央銀行と戦争をなくさない限りアメリカに自由はありません。

馬渕　ところでモーガンさんは在外投票をされたのですか？

モーガン　私はしませんでした。前の選挙ではトランプ氏に投票したのですが、あからさまな大規模な不正に幻滅したからです。

アメリカの民主主義など欺瞞にすぎないとわかったからです。今回はトランプ大統領が勝ったものの、四年前の選挙に懲りて、投票行為そのものが不正な政府の存在を認めることにつながると考え、嫌になったのです。

馬渕　つまり、投票制度そのものを成り立たせている政府に反対だということですね。DSが牛耳っていようと、共和党が奪還しようと、とにかく政府のやることには賛成できない。

モーガン　はい、私はそのようなラディカルな人間です。要注意人物です（笑）。政府を破壊するためなら労力を惜しまない者です。

馬渕　モーガンさんが大統領を目指すことは絶対にないでしょうけれども、あえてモーガンさんがお考えになっている全体像を知るために、もし大統領になったらどうしますか、とお聞きしたいです。

モーガン　私が大統領になったら、まずFRB（連邦準備制度）を潰します。私たちの通貨をずっと偽造しつづけてきたからです。つぎに、ウォール街、そしてすべての大学およびハリウッドも（笑）。

さらにCIAとFBIの機密資料を全部開示します。アメリカの米軍基地と全世界の米軍基地を撤退させ、各国と平和条約を結んで国に帰る。アメリカ帝国の骨組みを解体する。そうしない限り、アメリカは自由になれないと考えています。

日本は自由な国

馬渕　アメリカの自由とは、何から自由になるということですか？

モーガン　サイコパスな連邦政府からの自由です。私は人間であり、私の周りにいる人たちも同じように人間です。私は周りにいる人たちを大切にしたいし、なるべくウソはつきたくはない。人を傷つけたくなければ人の富も奪いたくはない。私たちはだれだって幸福になることができるのです。

　でもワシントンが支配するアメリカ人であるかぎり、私は誰かを傷つけなくてはならない。人の富を、幸せを、命を奪うことになるのです。私は平和な暮らしを望んでいます。それが自由です。

馬渕　それは私も同感できるところです。そういう意味からすると、日本の歴史は縄文時代から自由な国といえます。一つの権力が存在しなくても、みんなで仲良く暮らしてきた。だから今おっしゃっているサイコパスからの自由、人間を大切にする社会というのは、縄文時代からの日本の特徴でもあります。

モーガン　おっしゃるとおりです。実は縄文時代にかなり憧れを持っております。もちろん、現代人の私に縄文人の生活スタイルはまねできませんが、日本もアメリカも政府のやっていることを見ると、人類の敵だと思わざるをえない。我々の血税を収奪する。挙句の果てにアメリカの場合は戦争ばかりです。

被災した能登半島を見てください。

もう一年が経つというのに、道路や建物の修復が遅れ、二〇二四年九月の豪雨被害も重なり、復興への道のりは遠い。「見捨てられた被災地」などといわれる始末。政治家には同じ日本人としての惻隠の情というものを感じません。

そもそも世界史上税を最初に取ったのはギャングなのです。そのギャングが組織化して、定期的に税金を徴収するようになったのが政府と言えます。

私の好きな研究者で同じウィスコンシン大学にいたジェームズ・C・スコットは、中央政府とギャングの違いは大差ないと書いていて私はその考えに近いんです。

私の基本的な人間観は前述したように性善説。しかしバイデン政権は銃規制法案に二〇年ぶりに署名しました（二〇二二年六月）。国民に銃を持たせないようにしていますが、原爆投下をするような人間たちに銃規制うんぬんする資格はない。

私の父は州兵を務め、銃のコレクターでもあったのですが、だからといって人を殺すわけではありません。自分の家族を守るために銃を持っているのですが、連邦政府が銃を持てばどうなるか。ベトナムで一〇〇万人近くを殺戮したではありませんか。日本国民に対してもジェノサイドをやった。それが政府の実態です。政府があるとろくなことをしないので、できるだけ小さな政府を私は望んでおります。

利害が一致する国

馬渕　それは常識的にわかる話です。現にトランプ大統領も、大きな政府は利権が生じるから、できるだけ小さくする方針をとっています。結局のところ、これは古くて新しい問題で、支配者と被支配者との関係に行き着くわけです。

権力というのは支配者が被支配者をどのようにして支配するかということですが、ここで思い出すのが、ジャン＝ジャック・ルソーの「社会契約論」です。

世の中には絶対、支配者の利害と被支配者の利害が一致するということはない。だから次善の策として契約に基づく民主主義を選んだ。ところが、ルソーが諦めた支配者と被支配者の利害が一致する国がある。それが縄文以来の日本です。

モーガン　日本に来て初めて皇室、天皇陛下の存在を感じましたが、他の国ではもちろんありえない。かつて敵対していた伊勢神宮と出雲大社の両方残っていること自体他の国ではありえません。本当に平和な国だと思います。

先日、東京国立博物館で特別展「はにわ」を見てきました。たとえばエジプトのファラオや中国の秦の始皇帝の権力は今のワシントンとほぼ変わらない。ようするに中央政府がだんだん〝神化〟していく。

民主主義にしても当選するのが洗礼で、特別な権利を得られるというのは、一つの神話にすぎない。ところが、埴輪を見て「これは違う」と感じました。大変失礼ですが、天皇陛下が他の権力者とはまったく違って、威張らないことが非常に重要なポイントなのだという気がします。

逆に非常に謙虚な御存在だということが埴輪を見ればわかります。私にとって今の天皇陛下、皇室が理想的だと考えています。

とはいえ現実の日本社会のなかに上下の関係があるのは仕方がないことです。優れている人間がいれば、そうでない人も必ず出てくるからです。地位の上下は自然にできたとしても、最上位にいる人が一番謙虚なのが日本。そのような存在はもしかしたら皇室、天皇陛下だけではないでしょうか。

馬渕　私もその点についてはまったく同感です。いちばん権威があるにもかかわらず、それを主張しない。それこそ広い意味では慈しみなのですが、その大御心で自分に反対する人も敵をも包んでゆく。

これは人間としての理想といいますか、人間を超えた理想でもあります。まさにこれまで議論してきたモーガンさんの理想を追求していけば、最終的に、天皇陛下あるいは皇室というものに行き着く。

モーガン　まさにそうです。

馬渕　天皇陛下というのは、もちろん高天原の霊力を継いでおられる方しかなれないのですが、国民が陛下を支える、そういう体制が日本では自然に生まれている。それは天皇陛下の慈しみを国民が身に染みて感じられているからです。

あるいは自分が愛されているという想いです。それで社会の秩序が保たれている。

このように結論づけることは簡単にすぎるかもしれませんが、闘争が好きな欧米――アングロサクソンといってもいいのですが――そういう人たちは日本古来の天皇陛下のあり方というものは全く受け入れられない。いや、信じられないのでしょうね。

モーガン　信じられないでしょう。驚いたことがあるんですけれども、六、七年前、いろいろと日本の史料を読み漁っていた時期のことです。ＧＨＱ占領下の日本でマッカーサーに「後醍醐天皇の子孫」を名のる方から手紙が届いたというエピソードを読みました。

後醍醐天皇の子孫、つまり南朝系の皇統の方が「私が本当の天皇です」とマッカーサーに手紙を書いたわけです。さしものマッカーサーもこれは関わりたくないと連絡はとらなかったようですが、本物の可能性がありました。

しかしさらに驚いたことは、明治天皇その人が南朝の子孫の生き残っていることをお認めになっていたということです。他の国であれば、こんなことはありえません。たとえば古代ローマではローマ皇帝はライバルの子孫を皆殺しにしました。

しかし明治天皇はそのような存在をお認めになっている。むしろ同じ皇統として歓迎された。それを読んで驚き、これは日本独特だと思いました。

馬渕　独特ですね。有名な継体天皇への皇位継承のエピソードがあります。第二五代武烈天皇に男系男子がいなかったため、系図を二〇〇年間もさかのぼり、北陸の三国にいた応神天皇の五世の孫である継体天皇をわざわざ探し出した。だから武烈天皇と継体天皇では一〇親等も離れています。まさに「継体」、「ｓｕｃｃｅｓｓｉｏｎ」された天皇でした。

そのような皇位継承の危機的なときでさえ、高天原の皇統を受け継ぐのは自分であると騙り、天皇に成り代わろうとした人がでてこなかったことが、日本の歴史です。たとえそういう人が現れても自ら沈んでゆく。たとえば奈良時代に女性天皇である第四六代孝徳天皇（のちに重祚して第四八代称徳天皇）に取り入った僧侶・道鏡は、権力を握り、太政大臣禅師や法王にまで上り詰めました。

しかし、「道鏡を天皇にすべし」との宇佐八幡宮の神託を捏造したことが和気清麻呂により暴かれて失脚。下野に左遷されて生涯を終えました（宇佐八幡宮神託事件）。

おそらくこの話は、歴史の物語というよりは、天皇とは何かということを余すことなく伝える話だったのだと思います。そして称徳天皇のあとの第四九代光仁天皇のときに、皇室の血筋が本来の〝天智系〟に戻ったのです。

天智系と天武系というのは、第三八代天智天皇の崩御後、天智天皇の弟の大海人皇子と息子の大友皇子との間で皇位継承をめぐる「壬申の乱」が勃発。その結果、大海人皇子が即位して天武天皇となり、称徳天皇までは〝天武系〟の皇統が続いていたのです。歴史家の中には、天武系というのは高天原の血統を継いでおられないという見解もあります。本書では深入りしませんが、いずれにせよ、奈良朝のあとの光仁天皇の御代以降は天智系に戻っているのです。

やはり日本の権威というものは、簡単に潰れるものではないのだという気がいたします。その権威というのは、モーガンさんがおっしゃったように出雲との〝共存〟にあります。出雲大社に祀られる大国主命の国譲りの神話は人口に膾炙《かいしゃ》されています。そういう意味では、天皇陛下の存在というのは、まさに人類の理想的な姿でもあるのではないでしょうか。

モーガン　日本人の皇室認識に関して一つ大きな疑問があります。若者だけではなくて、日本の国民はどこまで天皇陛下のご存在について知っているのでしょうか。

違和感があるのは、たとえば皇室についての地位や、男系男子という皇位継承問題などいろいろな議論が交わされていますが、そもそも永田町が決める次元の話ではありません。皇室のことは皇室が決めるべきで、それを政治家が決定するのは民主主義の非常に危ういところなのに、多くの日本人が疑問を持っていないように見えます。

馬渕　だからこそ私は「昭和憲法（日本国憲法）」なんて憲法だと思っていません。

くどくどと陛下について書かれていること自体が、越権行為だとすら思っています。

モーガン　無礼なことです。無礼と言えば、２０２４年の国連女性差別撤廃委員会では男系男子の皇位継承が差別であると言ってきました。国連はワシントンの手先となって全世界の文化を破壊するのが使命です。

私が言うのは失礼かもしれませんが、日本人の文化は日本人が決めればいいことです。外国人に説明したい人がするのはいいですが、外国人に納得してもらわなくてもいい問題です。皇室のことは皇室が決めればいいというのと一緒で。外国に説明しなければいけないということ自体が残念なことだと考えます。

馬渕　それはおっしゃるとおりで、天皇陛下について説明などできないんです。天皇、皇室は感じるものであって、説明したって理解できる話ではありません。

トランプの大統領令がさく裂

モーガン　トランプの大統領令が早速さく裂しています。バイデン政権の七八の大統領令などを撤回し、言論の自由の回復と政府による検閲の停止、ＷＨＯからの脱退、グリーン・ニューディール政策の終了と〝EVの義務化〟の撤廃、〝政府効率化省〟の設置、「多様性」や「公平性」などを意味する政府の行き過ぎたDEIプログラムの廃止など二六項目にわたります。

政府が認める性別は男性と女性の二つのみの性とするという、常識に還る大統領令ばかり。傑作なのは選挙妨害や機密情報の不適切な開示に対する前政権高官の責任追及とし、ジョン・ボルトンなど五〇名のDSリストを発表したことです。

馬渕 トランプ大統領は人権理事会（国際連合人権理事会）から脱退するでしょう。何も問題がないところに問題をつくり出して議論する、これは共産主義者のやり方です。しかしトランプ大統領は共産主義が嫌いだし、お金も時間も無駄だと。だから、アメリカは人権理事会からはすぐ脱退するでしょう。

それから、地球の温暖化問題を考える「COP（締約国会議　Conference of the Parties）」なんていう馬鹿げた協定からもトランプ大統領は脱退します。CO2の排出量が地球を温暖化させる原因だといって関係ないことで人々を縛る。このようなやり方はもう終わります。

人権や環境を食い物にしていた人たちは早晩、退場を願うことになるでしょう。それがトランプ氏が大統領となった歴史の成果の一つであろうと思います。

議論も終わりに近付きましたが、私はモーガンさんのような方が引き続き発言されたり、プロパガンダに染まった人々を説得していただくことが必要なんだろう、との思いを新たにしました。お話をうかがっていて、思っていた以上に難しいこともあって、私も久しぶりに知的興奮を味わうことができました。

モーガン　グローバリストに破壊されたアメリカの病は非常に深いです。この四年間で反トランプの動き、子供に性転換手術を施したり、誘拐して人身売買をしたり、中絶ビジネスを推進する動きが加速しています。しかも政府がそれを支えているのです。トランプ大統領にはタフな戦いが待っています。

馬渕　確かに簡単にはいきません。ですからこの四年間が本当の勝負になります。そういう意味では、伝統文化を破壊するようなグローバリズムに警鐘を鳴らしているプーチン大統領と二人で頑張っていただきたい。

国の身体に住んでいる

モーガン　先生がご著書のなかで「旧約聖書において、ユダヤ・キリスト教の〝神〟はあらゆるものを創造するのですが、世界を創造する前に〝言葉〟があったのです。〝はじめに言葉ありき〟という聖書の最初の一節に根源があると推察します」と書かれていたことを興味深く思いました（『ウクライナ戦争の欺瞞　戦後民主主義の正体』〈徳間書店〉）。

私の解釈では、言葉のまえの人間、言葉のまえの神のことを問うています。ロゴスというギリシャ語の言葉には「言葉」以外にもマインドや理性という意味合いもあります。

私の考えでは、この言葉に対する態度がカトリックはプロテスタントやユダヤ教とは全く別物で、どちらかというと神道に似ているのではないかと考えます。

トマス・アクィナスらがいうところの「analogia entis（アナロギア・エンティス）」は八百万の神々ではないかと考えます。インドの哲学、「アートマン（我。個人を支配する原理）」と「ブラフマン（梵。宇宙を支配する原理）」のような――。これはメタファーでいえば「神の身体」です。

人間の存在というものは神の存在に似ており、それは存在しているだけで宇宙の一部になっている。そのような信仰は神道に近いのではないでしょうか。

私たちカトリックは聖書をあまり読みません。つまり、「はじめに言葉ありき」というのは、人間の言葉ではなくて、聖書のその章とその節でもなく、存在が先にくるのです。聖書自体さほど大切ではないわけです。

馬渕　何が大切なのでしょうか？

モーガン　イエス様の御血と御身体です。私たちは言葉のない世界に生きてきました。日本人なら「お天道様が見ている」といえばわかることです。それは言われたからわかるのでも、ルールがあるから守るのではなく、己の良心からおのずとわかることです。

馬渕　つまり、惟神《かんながら》の道ですね。

モーガン　惟神の道です。私たちのアナロギア・エンティスも惟神の道なのではないか、と感じています。それが私の人間の理想なのです。

言葉の前の人間の存在。それは日本そのものではないかと思うのです。天皇陛下に従いなさいと書いてあるから日本人は従っているわけではありません。十七条の憲法に書かれていることは当たり前のことばかりで、天皇に従えとは書いていない。

馬渕　『馬渕睦夫が読み解く2025年世界の真実』でも書きましたが、十七条の憲法は「憲法」と訳したのが大間違いなのです。「十七条の國體」と訳すべきです。國體とは「constitution」のことであって、多くの学者は「憲法」のことだと思いこんでいる。これが戦後教育を受けた日本人にはわからないのです。

モーガン　「國體」というのは身体、つまり全体のことですよね。それがアナロギア・エンティスなのです。トランプ大統領が言った「heal（癒し）」は「whole（全体）」と語源が同じなのです。

日本に住むということは国の身体に住むということであって、言葉ではなく肌で感じるものです。だから日本に来て「何々をしてはいけない」とか「何々をしなさい」という決まりを言葉で学んだことはほとんどありません。何となく感じることができたのです。それが惟神の道なのかもしれないと思ったのです。

馬渕　山田孝雄博士の「神国観」ですね。我が国は、国土、君主、国民すべてが神の所生であるのです。

モーガン　先ほどトランプ氏の暗殺未遂のお話ですが、安倍総理か誰の声かはわからないですが、この宇宙は惟神の道だから祝福されている人は救われる。そういうことが起きるのだと思っています。

馬渕　本当にそのとおりですね。トランプ大統領とプーチン大統領の戦いとは次元が違いますが、この大きな動きに天皇陛下が加わります。日本は君民一体の國體ですが、これからは世界のさまざまな国で君民一体になっていくことを期待します。それがトランプ大統領の言う「heal」の意味です。heal のあとに Whole、全体が癒され団結する。そしてそのあとにくるのが世界の harmony なのです。

モーガン　八紘一宇ですね。

馬渕　まさに八紘一宇です。その世界平和の実現のために、私たち草莽も一端を担っている、ということです。

【あとがき】馬渕睦夫

本書を読まれて気づかれたように、トランプ政権が目指す世界像が明確な形をとって表れてきました。アメリカという世界一の超大国がいかにして誕生し、成長し、そして衰退の時を迎えたのかが、手に取るようにご理解いただけるのではないかと期待しております。

トランプ大統領が目指す世界こそ、私たち日本人の草莽が目指す世界でもあります。アメリカ人として生を受けたモーガン氏は、偶然日本に渡来して、日本の有り様に魅惑されて、日本人以上に日本を愛するようになりました。本書におけるモーガン氏の発言を読めば、なぜ日本に魅了されたかがよくおわかりいただけると思います。

問題は、私たちが日本の魅力を忘れていることです。

モーガン氏は文字通り命を懸けて私たちに警鐘を鳴らし続けて下さっているのです。麗澤大学准教授がモーガン氏の職責ですが、その地位が決して安泰ではないことが対談を通じて明らかになってきました。しかし、モーガン氏は自らの信念を優先されたのです。モーガン氏の一語一語が私たちの胸を打つのは、この信念が持つ魂のエネルギーの為せる業だと直感しました。

彼の信念は日本に対する愛に包まれています。この愛は二〇二五年以降の世界の行く末を占う上での一筋の光明でもあります。その理由は簡単です。昨年一一月六日のトランプ大統領の勝利宣言の中に見出すことができます。

"We are going to help our country heal."

トランプ大統領は勝利宣言の中で heal と言う言葉を二度繰り返しました。

Heal とは癒しのことですが、今日の世界はアメリカのみならず、すべての国が癒しを必要としていると感じます。

それぞれの国が過去四年間理不尽な生き方を強要されてきました。しかし、トランプ大統領の当選をもって、このような嘘に満ちた生き方を捨てることができるようになったわけです。

既に多くの国がこれまでの洗脳から目覚め、癒しを求めて動き始めています。

癒しの発祥の国と言える日本は、このような世界の動きにあまりに無関心であると言えます。

モーガン氏が我慢ならないのは、私たちのこのめでたさ加減なのです。

今こそ、日本人が立ち上がるべき時なのに、待ちに待った時が身近に迫ってきたまさにその時に、世界の流れとは別方向への歩みを加速させている日本は、座して死を待つ子羊のように映っているというわけです。

Heal は whole に通じます。

Whole は harmony に繋がり、harmony は世界の調和を意味します。

この大調和の世界観こそ神武天皇が提唱された「八紘一宇」の世界でもあります。

トランプ氏の復権を通じて、私たちは本来のあるべき生き方を取り戻すことになったと安堵できるのです。

トランプ大統領は矢継ぎ早に旧秩序を是正する改革を実施中ですが、その目的は八紘一宇の世界の実現です。トランプ大統領は国連の各機関から脱退中で、この動きにロシアやBRICS諸国が追随しています。グローバリズムの推進機関であった国連は存在意義を失うことになるでしょう。

新たな独立主権国家の集まりである国際機関の誕生、これこそ真の共生社会の実現です。共生とは、各国が独自性を維持しながら崇高な理念のもとに自由意志で共存する世界です。

この世界には上下関係は存在しません。

各人に個性があるように、各国にも特性があります。

特性を発揮することは、決して衝突を招きません。むしろ、協力関係を生み出す原動力なのです。一八一五年のウイーン会議以来、これまでの二〇〇年間、物質優先の思考に洗脳されてきた私たちは、ついに物質主義と決別することができました。

今後の世界は、物質主義的生き方と精神的生き方のバランスを取ることにあります。このバランスを間違えなければ、私たちは物質主義の悪弊から逃れることが可能になるわけです。

以上のような世界の動きに鈍感なのが日本です。

鈍感どころか、世界の孤児に成りつつあります。本来世界の師表となるべき日本が、世界のトラブル・メーカーに貶められています。

トランプ大統領がグリーンランドやパナマの現状がアメリカの安全保障の脅威になっていると発言している真意は、これらの国に巣くっている勢力が、新たな世界秩序に挑戦しているからなのです。ひょっとすると、新たな世界秩序の敵として日本が認定されてしまう悪夢も決してあり得ないことではないでしょう。

このような事態を回避できるのは、私たち草莽の崛起《くっき》です。

私たち一人一人の努力が今ほど求められている時はありません。そうであるならば、今こそ立ち上がらなければなりません。草莽こそ、愛すべき日本を救うことのできる光の戦士です。私たちが光の戦士であることを気づかせてくださったモーガン氏に、改めて感謝の気持ちを表したいと思います。

モーガン先生、今後とも日本の良きアドバイザーであってください。ありがとうございました。

馬渕睦夫

令和七年二月

馬渕睦夫

元駐ウクライナ兼モルドバ大使

1946 年、京都府生まれ。京都大学法学部 3 年次在学中に外務公務員採用上級試験に合格し中退､1968 年（昭和 43 年）に外務省入省。1971 年研修先のイギリス･ケンブリッジ大学経済学部卒業。国際連合局社会協力課長、大臣官房文化交流部文化第一課長、東京都外務長などを歴任。在外においては、在英国日本国大使館、在インド日本国大使館、在ソビエト連邦日本国大使館、在ニューヨーク日本国総領事館勤務、EC 代表部参事官（1989 年 -1991 年）、在イスラエル日本大使館公使（1991 年 -1995 年）、在タイ日本大使館特命全権公使（1997 年 -2000 年）を経て､2000 年に駐キューバ大使に就任。2005 年より駐ウクライナ兼モルドバ大使を 3 年間務め、2008 年外務省退官。元防衛大学校教授、前吉備国際大学客員教授。2012 年､『国難の正体 日本が生き残るための「世界史」』（総和社）を上梓。以降著書多数。近著に『馬渕睦夫の国際情勢分析 2025　グローバリストの洗脳はなぜ失敗したのか』（徳間書店）､『馬渕睦夫が読み解く 2025 年世界の真実』（ワック）がある。

プロパガンダの終焉

トランプ政権始動で露呈した洗脳と欺瞞

第1刷　2025年2月28日

著　者　馬渕睦夫
　　　　ジェイソン・モーガン

発行者　小宮英行
発行所　株式会社徳間書店
　　　　〒141-8202　東京都品川区上大崎3-1-1目黒セントラルスクエア
　　　　電話　編集03-5403-4344／販売049-293-5521
　　　　振替　00140-0-44392

印刷・製本　中央精版印刷株式会社

ISBN978-4-19-865969-1